Peter Kummer

# Jetzt will ich's wirklich wissen

Peter Kummer

# Jetzt will ich's wirklich wissen

Mit mentaler Powertechnik
Ziele erreichen

Das Sieben-Minuten-Erfolgsprogramm

Herbig

Besuchen Sie uns im Internet unter
http://www.herbig.net

Gedruckt auf chlorfrei gebleichtem Papier

© 2000 F. A. Herbig Verlagsbuchhandlung GmbH, München
Alle Rechte vorbehalten
Schutzumschlaggestaltung: Wolfgang Heinzel
Umschlagfoto: Fotostudio Ott-Albrecht, Singen-Hohentwiel
Satz: Schaber Satz- und Datentechnik, Wels
Gesetzt aus: 11/13 Punkt Optima in PostScript
Druck: Jos. C. Huber KG, Dießen
Binden: R. Oldenbourg, Heimstetten
Printed in Germany
ISBN 3-7766-2190-7

Ich bin nicht gegen die Wissenschaft,
ich bin nur gegen die,
die sie wie eine Gottheit verehren
auf Kosten der Wahrheit.

*(Aus dem Film »Contact« mit Jodie Foster)*


Immer wenn Aristoteles
eine neue Idee hatte,
ließ er einen Ochsen schlachten.
Seither haben alle Ochsen
Angst vor neuen Ideen.

*(Unbekannter Autor)*

# Dank

Eines Tages kam ein alter Bauer zu Gott und sagte zu ihm: »Schau, du magst Gott sein, und du magst die Welt erschaffen haben, aber eines muss ich dir sagen: Ein Bauer bist du nicht. Du kennst nicht mal das ABC des Ackerbaus. Da kannst du noch einiges lernen.«
Gott sagte: »Was ist dein Rat?« Der Bauer antwortete: »Gib mir ein Jahr Zeit und lass die Dinge so geschehen, wie ich es sage, und warte ab, was passiert. Es wird keine Armut mehr geben!« Gott willigte ein, und so bekam der Bauer ein Jahr. Natürlich bestellte er nur das Feinste, dachte er nur an das Beste: keinen Donner, keinen starken Wind, keine Gefahren für die Ernte. Alles angenehm, behaglich, und er war sehr froh. Der Weizen wuchs sehr hoch! Wenn er Sonne haben wollte, schien die Sonne; wenn er Regen wollte, gab es Regen, so viel er nur wollte. In diesem Jahr lief alles richtig, mathematisch richtig. Der Weizen wuchs sehr, sehr hoch. Der Bauer ging oft zu Gott und sagte: »Schau! Diesmal wird die Ernte so ausfallen, dass es für zehn Jahre, selbst wenn die Leute nicht arbeiten, genug zu essen geben wird!«
Aber als die Ähren eingefahren wurden, war kein Wei-

zen darin. Der Bauer war überrascht. Er fragte Gott: »Was ist passiert? Was ist schief gegangen?«
Gott sagte: »Weil es keine Herausforderung gab, weil kein Konflikt da war, keine Reibung, weil du alles vermieden hast, was schlecht ist, blieb der Weizen unfruchtbar. Ein bisschen Auseinandersetzung gehört dazu. Stürme gehören dazu, und auch Donner und Blitze sind nötig. Sie erst rütteln im Weizen die Seele wach.«

Mein großer Dank gilt allen Autoren-Kollegen dieser Welt, die durch ihre Bücher dazu beitragen, unserer rein wissenschaftlich orientierten »Zufalls-Gesellschaft« ein bisschen mehr die Augen über die wirklichen Wahrheiten des Lebens zu öffnen.

*Peter Kummer*

# Inhalt

**Prolog** .............................. 13
Es gibt keinen Zufall 14 · Säen und Ernten 15 ·
Unser Körper, ein kleines Universum 17 · Wir gestalten
unser Leben 18 · Irrenhaus des Universums 20 ·
Die meisten hören nicht richtig zu 22 · Ich möchte
Ihnen Mut machen 25 · Nur Europa verzichtet
darauf 26

**1. Kapitel: Sie sind wirklich einmalig** ......... 29
Wir sind haushoch überlegen 32 · Es gibt Millionen
lebendige Tote 33 · »Tun ist gefragt« 35 ·
Es »menschelt« überall 35 · Mind trends 36 · Mehr
Vertrauen in die innere Stimme entwickeln 39 ·
Die Realität zählt nicht immer 39

**2. Kapitel: Tausende sind anfangs
oft nur frustriert** ....................... 43
Die Einheit von Körper, Geist und Seele 46 ·
Jeder Sportler braucht Trainer und Coaches 46 · Nur
die Einstellung zählt 49 · Läuse und Flöhe 50 ·
Wir sind das, was wir denken 51 · Tod oder Leben –
das ist hier die Frage 53

**3. Kapitel: Alles fließt** .................... 55

Alles Materielle muss irgendwann zerfallen 58 ·
Wir sind verantwortlich 60 · Die Technik des
konstruktiven Denkens 61 · Es gibt keine endgültigen
Fehlschläge 62 · Ein gigantisches Puzzle 64

**4. Kapitel: Wie viel ein Gedanke wiegt** ....... 67

Es gehören immer zwei dazu 70 · Sind wir der
Spielball unserer Gefühle? 71 · Die Partnerschaft
mit Gott suchen 72 · Der Mensch lernt Schritt
für Schritt 73 · Bilder denken 75 · Die
Logik sagt: Stimmt! 77 · Vergessen Sie Ihre
Vorurteile 78 · Das »Kaufhaus des Universums«
liefert alles, was wir wollen 79 · Theorien allein
sind ungenügend 80

**5. Kapitel: Positive Geschichten** ............. 83

Wolfgang G. berichtet 87 · Das Lesen allein war es
nicht 88 · Giftige Dämpfe 88 · Die Antwort 90 ·
Sie konnte loslassen 92 · Die Analyse 94 · Ein
weiterer Brief 95 · Das Wunder 96 · Mein Glaube
hat mir geholfen 97

**6. Kapitel: Erster Schritt: Der Zielplan** ....... 99

Die meisten Menschen irren ziellos im Leben umher
102 · Der Weg ist das Ziel 104 · Ihr ganz
persönlicher Fahrplan 105 · Das Sieben-Minuten-
Erfolgsprogramm 106 · Die Erstellung eines
Zielplanes 106 · Seien Sie flexibel 109 · Lassen
Sie sich Zeit – aber nicht zu lange 110 · Mein
Zielplan (Musterbeispiel) 111 · Wie erstelle
ich meinen eigenen Zielplan? 112 · Fehler
passieren 112

**7. Kapitel: Zweiter Schritt: Der Zielsatz** . . . . . . . 115
Anwendungsanleitungen und weitere Hintergründe zu
»Ich bin« 118 · Wer steuert dies alles? 119 · »Ich bin«-
Bejahungen 120 · Die Macht der Worte 124 · Alles,
was Sie »Ich bin« hinzufügen, zu dem werden Sie 127 ·
Techniken 129

**8. Kapitel: Dritter Schritt: Der innere Spielfilm** 131
Bilder in der Sexualität 135 · Verwirklichen durch
Imagination 136 · Täglich zweimal das Sieben-Minuten-
Kompaktprogramm anwenden 139 · Morgen-
übung 139 · Übung während des Tages 139
Abendübung 140 · Zehn Fragen zur Anwendung 142

**9. Kapitel: Es gibt nur einen Weg** . . . . . . . . . . 147
Abraham Lincoln 150 · Madeleine schafft ein
Wunder 151 · Erste Probleme 152 · Es wurde immer
enger 153 · Sie kannte nur noch Selbstmitleid 154 ·
Die Ängste überwinden 156 · Es machte »klick« 157 ·
Die lieben Eltern 158 · Der Frust hielt sich in
Grenzen 159 · Die Wende 160 · Sie feierte ihren
Sieg 161 · Wut ist ein schlechter Ratgeber 162 ·
Des Resümee 163 · Gib niemals auf 165

**10. Kapitel: Was ein »Wunder« alles
bewirken kann** . . . . . . . . . . . . . . . . . . . . . . . 167
Man muss eben manchmal erst durch den Schmerz
gehen 170 · Der Schock 172 · Gott wird wieder
modern 173 · Das Gebet 175 · Was ist wissenschaftliches Beten? 177 · Die Wahrheit des Seins 179 ·
Treffen Sie Ihre Wahl 180 · Ein Wort lässt sich nicht
zurückholen 181 · Wie man Krankheiten vermeidet
182 · Benutzen Sie Ihren Fallschirm 183 · Lerne
deine Feinde zu lieben 186

## 11. Kapitel: Die Wege des Geistes sind nicht vorherzusehen ................ 189

Überraschung im Bistro 191 · Das Gesetz ist unerbittlich 193 · Die Schule des Lebens 194 · Die Gans 195 · Sprengen Sie Ihre Grenzen 196 · Der Selbstmörder 197 · Die gelähmte Witwe 198 · Die Kraft des Vaters in uns 200 · Wie man andere Menschen zum konstruktiven Denken bewegen kann 201 · Die Familienaufstellung 202 · Alles war anders, als sie dachte 204 · Der zweite Tag 205 · Jetzt wurde es spannend 207 · Nun war Patrik dran 208 · Danach war sie nur noch müde 210

## 12. Kapitel: Haupterkenntnisse ............. 213

Eine Frage der Wortwahl 216 · Reinkarnation, eine wichtige Säule des Christentums 217 · Die doppeldeutige Postkarte 218 · Es geschah an einem ganz gewöhnlichen Tag 220 · Ein wahres Wunder 221 · Was ist dran an diesen Trainings 223 · Entscheidungen treffen 225 · Auf einem Bein voll im Leben 226 · Immer das Beste geben 226

## 13. Kapitel: Denken ist plastisches Modellieren ........................ 229

Ein verzweifelter junger Mann 232 · Die Wende 233 · Im Universum gibt es kein Vakuum 234 · Mit Wissen kommt Verantwortung 236 · Eine Freundschaft 236 · Es dauerte keine zehn Tage 238 · Theorie und Praxis 239 · Mit dem Mute der Verzweiflung 240 · Das Unglaubliche geschah 241 · Was war passiert? 241 · Auch Sie können dies testen 243 · Sogar die Haare auf deinem Haupt sind gezählt 243 · Es geht immer positiv weiter 245

## Literaturhinweise ........................ 249

# Prolog

Ein Wanderer machte nach einem anstrengenden Tag Rast. Er setzte sich unter einen alten Baum und gönnte seinen müden Füßen Ruhe. Wie schön, so dachte er, wäre jetzt ein kühler Trunk – da steht auch schon eine Karaffe, gefüllt mit kühlem Wasser, vor ihm.
Der Wanderer war erstaunt, nahm aber einen tiefen Schluck und dachte erfrischt: Wie schön wäre jetzt ein Mahl dazu. Im gleichen Moment steht vor ihm ein Tisch, sauber gedeckt mit feinem Geschirr und köstlichen Speisen.
Der Wanderer betrachtete die Tafel und dachte bei sich: Ein bequemer Sessel könnte gut sein – da kann er auch schon Platz nehmen. Er aß und trank, wünschte sich Musik dazu und – als die Dämmerung eintrat – einen Kerzenleuchter.
Als er sich erfrischt und gestärkt hatte, dachte der Wanderer: Wenn ich jetzt auch noch ein bequemes Bett hätte, wie schön wäre das! Da lag er auch schon auf einem weichen Lager, und kurz bevor er einschlief, dachte er dann noch: Um Gottes willen, wenn jetzt ein Tiger kommt ...

## Es gibt keinen Zufall

Wir Menschen sind besonders eifrig darin, Vorgängen, die wir nicht verstehen können, hauptsächlich auf der geistig-energetischen Ebene, ohne diese weiter zu hinterfragen, kurzerhand einen Namen zu geben. So geschehen mit dem allseits beliebten Wort »Zufall«. Nichts in der Natur aber geschieht jemals durch einen Zufall, sondern folgt immer nur dem ewigen Naturgesetz von »Ursache und Wirkung«. Demnach muss jeder Wirkung zuvor eine sie auslösende Ursache vorausgegangen sein.

Der einzige mir bekannte Fall, wo die Ursache der Wirkung folgt, ist, wenn ein Arzt hinter dem Sarg seines Patienten einhergeht.

Ohne Ursache jedoch irgendeine Wirkung zu erzielen, das gibt es definitiv nicht. Ohne Gutes zu tun, dem Leiden zu entgehen, das ist noch nicht gewesen!

Halten Sie jetzt doch einmal inne und denken Sie über diese Aussage einen Augenblick in Ruhe nach, und dann stellen Sie sich bitte die Frage, wie oft auch Sie im Laufe eines Tages automatisch das Wort »Zufall« benützen. Und wenn Sie schon dabei sind, dann überlegen Sie sich im Anschluss daran, inwiefern vielleicht Sie selbst, Ihre eigenen Gedanken und Handlungen der Vergangenheit für eine sich einstellende Wirkung im Außen verantwortlich zeichnen könnten.

Nichts, aber auch gar nichts geschieht nämlich in Ihrem Leben, dem nicht Sie selbst durch Ihre geistige »Akzeptanz« den Segen gegeben haben. Haben Sie nicht auch schon oft ausgerufen: »Das gibt es doch nicht«, als Sie jemand anrief, an den Sie zehn Sekunden zuvor gedacht hatten, und wie oft hat dann der Gesprächspartner am anderen Ende der Leitung geantwortet: »Vor wenigen Minuten bist du mir ›zufällig‹ in den Sinn gekommen, und ich hatte ganz plötzlich das Gefühl, ich sollte dich wieder einmal anrufen.«

Haben Sie oder Ihr Partner am anderen Ende der Leitung dann das Ganze nicht auch für einen so genannten Zufall gehalten, ohne darüber nachzudenken, dass es vielleicht auch etwas ganz anderes sein könnte? Alle unsere Gedanken sind feinstoffliche Kräfte, reine Energien und unterliegen, wie so vieles andere auch, dem ewig gültigen Naturgesetz von Ursache und Wirkung. Dieses Gesetz ist ebenso unveränderbar und auf ewig gültig wie beispielsweise das Gesetz der Schwerkraft – oder haben Sie jemals eine Kaffeetasse fallen lassen, die dann »zufällig« ganz urplötzlich Flügel bekam und davonflog?

## Säen und Ernten

Jeder zieht aus seinem Leben selbst immer nur das heraus, was er zuvor in dieses Leben hineindenkt, und deshalb ist all das, was in unserem Leben geschieht, nichts anderes – ja, kann gar nichts anderes sein – als die erwachsen gewordene Konsequenz unseres eigenen Denkens der Vergangenheit.

Lassen Sie mich Ihnen dazu ein Beispiel geben: Wenn ich Geld in ein Sparschwein hineinwerfe und dies kontinuierlich über viele Jahre hinweg beibehalte, so kann mir dieses Sparschwein in ein paar Jahren vielleicht einmal dabei helfen, eine schwierige finanzielle Situation zu überbrücken. Wenn ich aber nicht dazu bereit bin, etwas auf die Seite zu legen, sprich, in dieses Schwein

»einzuzahlen«, kann ich auch niemals etwas zurückbekommen, ist doch logisch, oder? Ohne Saat nun mal keine Ernte.

Interessanterweise gibt es keine einzige Meldung aus irgendeinem Teil der Welt, dass auf einem einmal gepflanzten Kirschbaum irgendwann »zufällig« Pflaumen gewachsen sind.

Jede Frucht in der Natur entwickelt sich, wie Sie wissen, immer nur aus einer ihr entsprechenden Saat, und man muss deshalb sorgfältig die Saat auswählen, deren Früchte man eines Tages tatsächlich ernten will, wie man dies auch mit seinen Gedanken die Zukunft betreffend tun sollte, um letztendlich nicht eines Tages das zu bekommen, was man in Wirklichkeit gar nicht haben wollte.

Leider sind diese Zusammenhänge sowie generell die Lehre von Ursache und Wirkung in unserer heutigen Zeit noch lange nicht so populär, wie sie sein sollten, gehen wir und unsere »Technologiegötter« doch mit einer beispiellosen Überheblichkeit davon aus, dass wir die Welt und das Leben mittels Wissenschaft und Forschung fest im Griff haben.

Aber haben wir wirklich alles unter Kontrolle? Wohl kaum, denn solange auch nur noch ein einziger Mensch in unserer zivilisierten Welt in völliger Unkenntnis der wirklichen Naturgesetze das Wort »Zufall« in den Mund nimmt, gehören wir zwar in einigen sehr wichtigen Bereichen zu den modernen Industrienationen dieser Welt, liegen aber in unserer seelisch-geistigen Forschung, Entwicklung und Ausbildung, so traurig dies auch sein mag, weit hinter dem Niveau der meisten Naturvölker in den Urwäldern dieser Welt zurück.

## Unser Körper, ein kleines Universum

Als Kind träumte ich oft im Halbschlaf, wenn ich morgens im Bett eine volle Blase hatte, dass jemand für mich zur Toilette gehen würde, und in meinen Träumen fand ich auch immer jemanden, der sich dazu bereit erklärte. Natürlich war diese Traumlösung eine blanke Illusion, wie mir der Druck in meinem Unterleib während des Halbschlafes nach wie vor sehr deutlich signalisierte. Irgendwann musste ich notgedrungen dann eben doch aufstehen und meine Blase auch selbst entleeren, wollte ich nicht wirklich ins Bett machen. Schon damals wurde mir klar, dass ausschließlich ich für mein Denken und für meinen Körper verantwortlich bin und nur ich das »ernten« konnte, was ich selbst gesät hatte. In diesem Fall hieß dies also: Ich und nur ich ganz allein hatte am Abend zuvor Wasser getrunken, deshalb konnte auch nur ich es wieder ausscheiden. Wie wichtig allerdings diese fundamentale Erkenntnis für die Gestaltung meines späteren Lebens sein sollte, war mir damals noch nicht annähernd bewusst.

Der Mensch ist zugleich ein Mikrokosmos und ein Makrokosmos, das heißt, wir sind alle aus demselben Stoff erschaffen, nämlich aus dem Unsichtbaren, aus dem Geist, und selbst die kleinste Zelle unseres Erdenkörpers beinhaltet exakt denselben Bauplan wie unser gesamtes Universum. Was aber, so fragen wir uns oft, ist Geist, was ist Bewusstsein? Kein lebender Mensch weiß es wirklich. Wir wissen zwar eine ganze Menge über unsere Gehirnfunktionen, über Verstand und Bewusstsein; was diese aber in Wirklichkeit sind, wie jeder unserer Gedanken unser irdisches Leben ganz entscheidend beeinflusst und vor allem, wie wir diese Gedanken leicht und mühelos in die richtigen Kanäle lenken können, um glücklich, erfolgreich und gesund zu leben, das wissen heutzutage nur recht wenige Menschen. Gott sei Dank wird ihre Zahl von Tag zu Tag, von Woche zu Woche, von Monat zu Monat und von Jahr zu Jahr immer größer.

In Wirklichkeit verfügen wir Menschen nämlich über ein riesiges Potenzial an Möglichkeiten, unser Leben nach unseren Talenten, Fähigkeiten und Wünschen zu steuern, nutzen davon aber im Moment noch nicht einmal ein Achtel. Man könnte uns also ohne weiteres mit einem Eisberg in den Weiten des Nordatlantiks vergleichen: Ein Achtel davon befindet sich für jedermann sichtbar auf der Wasseroberfläche, aber weitere sieben Achtel sind unsichtbar darunter verborgen, und – ich hatte es bereits angesprochen – nur unsere maßlos übertriebene Einbildung, wir Menschen seien allein mit unserem Intellekt bereits die unfehlbare Krönung der Schöpfung, ist heute noch federführend schuld daran, dass wir es lange Zeit nicht für notwendig hielten, den unter Wasser verborgenen Teil dieses Eisberges zur Kenntnis zu nehmen und zu erforschen.

## Wir gestalten unser Leben

Der bekannte Spruch aus der Metaphysik »Wie innen so außen« entspricht aber exakt den Tatsachen, denn ein jeder Gedanke, den wir denken, trägt in sich ein riesiges und bisher von uns in weiten Teilen völlig unentdecktes Energiepotenzial, das immer und jederzeit in der Lage ist, selbst »Fleisch« zu werden, das heißt, sich selbst als grobstoffliche Materie in Raum und Zeit zu manifestieren.

Hinter jeder materiellen Entscheidung steht nämlich immer zuerst ein geistiges Bild! Wenn Sie diese Aussage im Moment noch nicht so recht verstehen können, dann lassen Sie mich Ihnen zwischendurch eine einfache Frage stellen, über die Sie sehr genau nachdenken sollten: Kennen Sie vielleicht einen einzigen Gegenstand, der materiell bereits vorhanden, also existent war, bevor er erdacht wurde?

Denken Sie zum Beispiel an einen Architekten oder generell an die Entstehung eines Hauses. Ein solches Haus, das ursprünglich nur als Wunsch im Kopf des Bauherrn existierte, wird im Lauf der Zeit immer konkreter und realistischer. Architekten zeichnen Pläne, errechnen Daten, mit denen das Haus dann später gebaut und erstellt werden kann, geben diese Daten weiter an die Bauträgergesellschaft, die genau nach diesen Plänen das Objekt Stein auf Stein erstellt. Ist dieses Gebäude aber dann, wenn der Bauherr eines Tages einzieht, ein Zufallsprodukt, oder ist es nicht einst ganz natürlich – und zwar im wahrsten Sinne des Wortes – aus einem winzigen (Gedanken-)Samen als Wunsch im Kopf des Bauherren entstanden? Selbstverständlich ist es so, und genau deshalb, weil Gedanken unglaubliche geistige Kräfte in sich vereinigen, müssen wir alle unsere Denkvorgänge künftig viel besser kontrollieren und beherrschen lernen, weil alles, was wir durch sie ins Leben rufen, auf dem Acker unseres eigenen Bewusstseins und Unterbewusstseins ähnlich wie dieses Haus einer späteren Verwirklichung entgegenwächst.

Wenn wir also unser vergangenes Denken kennen lernen wollen, so müssen wir unsere jetzigen Lebensumstände ansehen, und wenn wir etwas über unser zukünftiges Leben wissen möchten, dann tun wir gut daran, schnellstens unser gegenwärtiges Denken und Handeln zu betrachten, denn das allein ist die eigentliche Ursache für die auf uns zukommenden Entwicklungen in unserem späteren Leben.

Unsere Zukunft ist also ausschließlich die Totalsumme dessen, was wir heute denken, glauben, fühlen und planen.

Wie sehr wir auch eine Handvoll Sand pressen mögen, wir werden niemals Öl daraus gewinnen. Deshalb müssen negative Gedanken zwangsläufig negative Umstände mit sich bringen, so wie positive Gedanken konsequenterweise nur artverwandte positive Lebensumstände verursachen können.

## Irrenhaus des Universums

Wir alle sind heute viel zu kompliziert in unserem Denken geworden, nicht zuletzt deswegen, weil wir in der Regel fast ausschließlich der Ratio, also dem Verstand oder der Logik, Priorität einräumen. So gesehen ist die Menschheit ohne weiteres mit einer Herde »überzüchteter Hunde« zu vergleichen, und deshalb sagte der große George Bernhard Shaw über die Menschen und die Erde, auf der wir leben: »Dieser Planet ist das Irrenhaus des Universums.« Er meinte damit, dass unsere angelernte Intelligenz, auf die wir so furchtbar stolz sind, gleichzeitig auch unser allergrößtes Hindernis ist, mit den Herausforderungen des Lebens zurechtzukommen. Ein tibetisches Sprichwort sagt: »Wenn du schlau sein willst, liegst du sehr schnell total daneben«,

und genau das ist es, was die Menschheit in der westlichen Welt bis heute noch nicht annähernd begriffen hat. Der logische Geist ist der Keim der Verblendung. Wie innen, so außen – unsere Gedanken sind die Samen, mit dem wir unseren Lebensacker bestellen. Unser Bewusstsein wählt aus, gibt zur Ausführung weiter an unser Unterbewusstsein, und das Unterbewusstsein allein, der von Gott gelenkte seelische Bereich, ist die eigentliche ausführende Instanz.
Aus Luftschlössern entstehen die Paläste dieser Welt, vergessen Sie das bitte nicht, wenn Sie in diesem Zusammenhang das bisher Gelesene zu beurteilen versuchen. Die Verwirklichung eines Unternehmens beginnt immer in der Vorstellung, in der Fantasie, und wer erfolgreich denken will, der muss deshalb auch zuerst die Techniken des positiven Denkens und der positiven Gedankenbeeinflussung entdecken, beherrschen und tagtäglich damit arbeiten und trainieren lernen.
Jeder Mensch hat eine riesige »Sonne« von Energie in sich, es gilt das zu glauben, zu akzeptieren und von dem Moment an mit Hilfe des positiv-konstruktiven Denkens die eigenen Träume, Wünsche und Vorstellungen wahr zu machen. Sagen Sie sich einfach: »Ich mache es wahr!«, »Ich schaffe es!«.
Um im Umgang mit diesen Verwirklichungsmechanismen langfristig, aber auch sehr deutlich über kleine, ermutigende Anfangserfolge hinauszuwachsen, müssen wir zunächst erst einmal unsere wahre seelisch-göttliche Natur und ihre Funktionsmechanismen kennen lernen und im Alltag anwenden.
Aus diesem Grund habe ich mich entschlossen, dieses Arbeitsbuch für Fortgeschrittene zu schreiben, denn wir Menschen schimpfen viel zu viel über Dinge, die in un-

serem Leben schief gelaufen sind und erschaffen genau dadurch, völlig unbewusst, schon wieder neue Schwierigkeiten.

## Die meisten hören nicht richtig zu

Gleichwohl versuchen Millionen von Menschen seit vielen Jahren, mit den Techniken und Anleitungen aus der so genannten Motivations- und Lebenshilfeliteratur an sich zu arbeiten. Mit Techniken wie *Affirmation* (ständig wiederholte positive Selbstsuggestionen) und *Imagination* (sich selbst geistig schon am Ziel seiner Wünsche und Träume sehen) wird deshalb heutzutage immer mehr und immer intensiver gearbeitet, um die gewünschten positiven Veränderungen im eigenen Leben aktiv zu unterstützen beziehungsweise verursachen zu können. Motivationsgurus wie Jürgen Höller, der aktuell wohl bekannteste Kollege, füllen inzwischen große Hallen mit bis zu 20.000 erfolgshungrigen Menschen aller Art.
Natürlich begrüße auch ich diesen Trend aus vollem Herzen, denn schließlich ist es ein erster wichtiger Schritt in die richtige Richtung, erkenne aber auch gleichzeitig die immensen Gefahren oberflächlicher Fehlinterpretationen und gebe vielen Psychologen und Therapeuten bedingt Recht, die dies ebenso sehen. Die Ursache für solche Fehlinterpretationen und Missverständnisse ist aber weniger bei den Trainern wie Jürgen Höller und anderen, sondern vielmehr bei den jeweiligen Zuhörern und späteren Anwendern dieses Lehrstoffes zu suchen. Hier ein Beispiel aus meiner eigenen Erfahrung. Ich habe einmal in einem meiner Vorträge

die Story von einem ehemaligen Tellerwäscher erzählt, den ich selbst sehr gut kenne, und der es zum Multimillionär gebracht hat. Ich hatte beschrieben, wie sehnsüchtig er bereits als Junge davon träumte, einmal eine große Villa in Monte Carlo zu besitzen, wie er dann mit 17 von zu Hause auszog, als Tellerwäscher, Bote und Müllmann arbeitete, um eines Tages über seinen Job als Laufjunge und Bote an einen Bauunternehmer zu geraten. In dessen Firma kletterte er Jahr für Jahr eine Stufe nach der anderen die Erfolgsleiter empor, bis er es eines Tages schaffte, sogar Geschäftsführer dieser Firma zu werden. Fünf Jahre später eröffnete er seine eigene Bauträgergesellschaft, und knapp zehn Jahre danach war er bereits zum Multimillionär aufgestiegen. Immer und immer wieder erwähnte ich während dieses Vortrages, dass dieser junge Mann Abend für Abend mit dem geistigen Traumbild seiner eigenen Villa in Monte Carlo vor Augen einschlief und dieser Traum deshalb irgendwann auch gar nicht anders konnte, als Wirklichkeit zu werden. Der junge Mann hatte insgesamt also knapp 15 Jahre gebraucht, um sein großes Ziel mit viel Fleiß, Durchhaltevermögen und einer gehörigen Portion Mut zu erreichen.

Etwa eineinhalb Jahre nach diesem Vortragsabend erhielt ich den etwas unwirschen Anruf eines damaligen Zuhörers, der mir mitteilte, dass auch er versucht hätte, haargenau das nachzuvollziehen, was der junge Mann in dieser Geschichte tat und was ich am Vortragsabend zu tun empfohlen hatte. Allerdings sei er inzwischen völlig pleite, tief verzweifelt, und wenn es so weitergehen würde, dann bringe er sich demnächst um. Ich ermunterte ihn daraufhin, mir zunächst einmal zu erzählen, was passiert war in den letzten eineinhalb Jahren und kaum hatte ich die Frage richtig gestellt, so legte er auch gleich los und erzählte mir ausführlichst seine persönliche Geschichte.

Unter dem Strich kam dabei heraus, dass er sich Tag für Tag – auf mein konkretes Nachhaken waren es dann allerdings nur drei- bis viermal pro Woche – ebenfalls als Besitzer einer Villa in Monte Carlo sah. So, und das war es dann aber auch! Er war heute noch in derselben Firma, wohnte noch im selben Haus, fuhr noch dasselbe Auto, hatte also nichts, aber auch gar nichts geändert, keine mutige Entscheidung getroffen, keine Veränderung, weder privat noch geschäftlich vorgenommen etc. Nachdem die Erfüllung seines Wunsches nach Ablauf eines Jahres immer noch in weiter Ferne lag, kündigte er sogar noch seinen Job, denn ein Freund hatte ihm geraten, er müsse zuerst das Alte loslassen, bevor das Neue kommen konnte. Auf diese Art und Weise stand er nun vor den Scherben seiner Existenz, was mich natürlich nicht wunderte. Bei wem lag also der Fehler, beim Lehrer oder beim Schüler? Wer bergsteigen will, der muss nun mal in die Wand einsteigen, es reicht eben bei weitem nicht aus, sich einen Rucksack zu kaufen und vielleicht jodeln zu lernen.

Sie sehen also, es ist nicht die Methode, die falsch ist, es ist der Mensch, der sie nicht richtig und konsequent anwendet. Deshalb kann man auch nicht sagen – wie einige Psychologen dies fälschlicherweise versuchen –, dass positives Denken krank macht, denn alles kann schließlich Schaden anrichten, wenn es nicht so angewendet wird, wie es sich gehört. Jeder Mensch kann sich beim Spazierengehen das Bein brechen. Deshalb kann man aber doch noch lange nicht das Spazierengehen zu einer gefährlichen Sportart erklären – oder was meinen Sie?

## Ich möchte Ihnen Mut machen

Deshalb möchte ich Sie in diesem Buch einerseits ausdrücklich auffordern, ganz bewusst den Weg des konstruktiven Denkens und der Motivation zu gehen; andererseits möchte ich Ihnen aber auch Mut machen – sollten Sie trotz heftigster Selbstmotivation, Imagination und Affirmation an schmerzliche Grenzen und scheinbar unüberwindbare Hürden stoßen und sich verzweifelt fragen, warum diese Erfolgsmethoden, die andere von Sieg zu Sieg, von Erfolg zu Erfolg eilen lassen, bei Ihnen selbst offenbar überhaupt nicht wirken –, unbeirrt damit fortzufahren.
Jeder Mensch ist nun mal anders, jeder hat seine ureigene Geschichte, eigene Ängste, Verhaltensmuster, Vorbehalte, Sehnsüchte, positive und negative Glaubenssätze, kurz, jeder Mensch ist ein einmaliges Unikat, und trotzdem hat jeder – auch Sie – die freie Wahl, ein erfolgsarmes oder ein erfolgreiches Leben zu führen. Wichtig ist also, für was der Einzelne sich entscheidet und ob das, was er will, auch wirklich die oberste Priorität in seinem Leben ist. Wenn beides der Fall ist, dann wird ihn niemand auf dieser Welt aufhalten können, vorausgesetzt, er hält so lange unbeirrt an seinem Ziel fest, bis er es auch erreicht hat.
Nun gibt es aber auch Menschen, die wirklich alles versuchen, Mut zeigen, Risikobereitschaft mitbringen, täglich positiv an sich arbeiten, viele Seminare besuchen und diverse Erfolgstechniken oft bis zum »Erbrechen« durch-

führen. Trotzdem scheint sich das gesamte Universum gegen sie verschworen zu haben, denn der wirklich bahnbrechende Erfolg will sich partout nicht einstellen.

Was oft genau hinter diesem Phänomen steckt, wie man dies herausfindet und wie man diese hartnäckigen Blockaden »stellen« und auflösen kann, auch darüber erfahren Sie im Lauf dieses Buches eine ganze Menge. Lassen Sie es an dieser Stelle doch einfach mit diesem Hinweis bewenden und lassen Sie uns stattdessen ein weiteres heißes Eisen anpacken, nämlich das der Spiritualität als Grundlage von Motivation und Erfolgstechniken. Die Pioniere der Lehre des positiven Denkens, wie Dr. Joseph Murphy, Dale Carnegie, Norman Vincent Peal, Ernest Holmes, gründeten und bauten ursprünglich ihre gesamte Philosophie auf der Grundlage der christlichen Lehre auf. Bis Anfang der neunziger Jahre diente die Bibel und ein unverrückbarer Gottesglaube als das eigentliche Fundament des positiv-konstruktiven Denkens. Dies ist übrigens heute noch in den USA, aber auch in vielen anderen Teilen der Welt der Fall.

## Nur Europa verzichtet darauf

Nur hier in Europa und speziell im deutschsprachigen Raum meinten die jeweiligen Autoren – meist bitter enttäuscht von den Amtskirchen –, auf diese profunde Grundlage gänzlich verzichten zu können. Dass dies aber auf längere Sicht gesehen nicht funktioniert, zeigt sich inzwischen auf eine dramatische Weise an den Menschen, die trotz aller Bemühungen, aller Motivation, NLP-Techniken und Selbstsuggestion nach wie vor die Kurve in Richtung Erfolg nicht wirklich kriegen. Aus meiner Kenntnis kann ich Ihnen – sollten Sie sich in diesem Bereich vielleicht gerade als Exot fühlen – mitteilen, dass Sie in bester Gesellschaft sind, denn weit über 80 Prozent der geistig arbeitenden Menschen in Deutschland, Österreich und der Schweiz geht es ähnlich wie Ihnen.

Ich möchte Ihnen deshalb mit diesem Buch auch etwas mehr über die eigentlichen Grundlagen und Hintergründe von mentalen Erfolgstechniken vermitteln, die allesamt ihre ursprünglichen Wurzeln in den Lehren von Jesus Christus und der Bibel haben und meilenweit über das Thema Motivation und Begeisterung hinausgehen. Leider wurden diese alten christlichen Lehren und deren geistiger Inhalt durch die unsägliche Machtgier und den fast schon kriminell zu nennenden Machtmissbrauch der Kirchen und Konfessionen zwei Jahrtausende lang verwässert, verstümmelt und ganz bewusst verfälscht an die Gläubigen weitergegeben.

Würde Jesus Christus heute in Fleisch und Blut wieder in diese Welt treten, er würde mit Sicherheit die damals von ihm gegebenen Botschaften in ihren gängigen Interpretationen nicht einmal im Ansatz wiedererkennen und über uns so genannte »Christen« und vor allen Dingen auch über deren kirchliche Oberhäupter nur heftigst den Kopf schütteln können. Was die Menschheit deshalb heute braucht, ist nicht eine neue verstümmelte »Hilfslehre«, sondern Aufklärung über die wahre Bedeutung von Spiritualität und Vertrauen als Hilfe zur Selbsthilfe, und zwar ohne dabei den Boden unter den Füßen zu verlieren und in eine esoterische Traumwelt abzudriften.

Ihnen, liebe Leser, aufzeigen, was Sie ganz konkret tun

können, um dank positiv-konstruktivem Denken in Verbindung mit spirituellem Glauben von den Wurzeln Ihres Seins aus positiv für sich und Ihr Leben wirken und damit Ihre persönlichen Ziele verwirklichen zu können, das ist der eigentliche Zweck dieses Buches.
Ich wünsche Ihnen deshalb einige spannende und unterhaltsame Stunden mit diesem, wie ich hoffe, für Sie aufschlussreichen und hilfreichen Buch.

# 1. Kapitel

- Wir sind haushoch überlegen
- Es gibt Millionen lebendige Tote
- »Tun ist gefragt«
- Es »menschelt« überall
- Mind trends
- Mehr Vertrauen in die innere Stimme entwickeln
- Die Realität zählt nicht immer

# Sie sind wirklich einmalig

**W**as schätzen Sie, liebe Leser(innen), wie groß ist die Chance, dass jemand genauso ist wie Sie? Ich meine damit nicht nur Ihre äußerliche körperliche Hülle, sondern ich denke dabei auch an Ihren Charakter, Ihre Ansichten, Vorstellungen, Talente, Fähigkeiten, Träume und Wünsche.
Ich sage es Ihnen, die Chance, dass jemand genauso ist wie Sie, liegt irgendwo bei eins zu 50 Milliarden; das heißt, gäbe es 50 Milliarden Menschen auf dieser Welt (in Wirklichkeit gibt es etwa 6 Milliarden), so hätte ein Einziger in etwa genau dieselben Ansichten, Vorstellungen und Träume wie Sie. Dies zeigt sehr deutlich, dass wir alle in Wirklichkeit kleine Könige, kleine Kaiser, kleine Universen sind, großartige Geschöpfe mit höchst individuellen Ansichten, Talenten, Fähigkeiten, Schwächen und Stärken.
Andererseits hat aber auch jeder von uns allen bis zu seinem 18. Lebensjahr etwa 148.000-mal zu hören bekommen: »Das kannst du nicht!«, »Das schaffst du nicht!«, »Das wird dir nie gelingen!«, »Du bringst es nie zu etwas!«. Das sind im Durchschnitt etwas mehr als 22 Negativ-Programmierungen pro Tag, und man

braucht beileibe kein Psychotherapeut zu sein, um zu begreifen, dass diese ständigen, unterbewussten negativen Langzeitsuggestionen federführend dafür sorgen können, dass wir ihnen mit der Zeit – ob wir dies nun wollen oder nicht – immer mehr Glauben schenken und unser Selbstvertrauen dadurch ganz entscheidenden Einschränkungen unterworfen wird.

**Wir sind haushoch überlegen**

Sie sollten allerdings auch wissen, dass allein unsere Gehirnkapazität so gigantisch groß ist, dass man das World Trade Center in New York zweimal vom Keller bis zum Dach mit Computerchips voll stopfen müsste, um die gleich hohe Kapazität zusammen zu bekommen, wie sie uns mit dem Gehirn tagtäglich zur Verfügung steht. Das World Trade Center in New York ist immerhin stattliche 412 Meter hoch, und Sie können sich selbst eine vage Vorstellung davon machen, welche unendlichen Kräfte und Möglichkeiten Ihnen in Wirklichkeit zur Verfügung stehen, wenn Sie so etwas lesen.
Wenn Sie also morgens aufwachen und vielleicht noch etwas verschlafen auf Ihre Chancenuhr schauen (negative Menschen sagen übrigens auch »Wecker« dazu), dann sollten Sie ab sofort ganz selbstbewusst aus dem Bett springen und Ihrem Spiegelbild voller Energie und Lebensfreude laut ins Gesicht sagen: »Dies ist mein Tag!«, »Ich bin ein großartiger Erfolg, gesund, reich und glücklich!«.
Jetzt aber einmal Hand aufs Herz, liebe Leser(innen).
Wie stehen denn die meisten von uns morgens auf, wenn der Wecker läutet? Ist es nicht in der Regel so,

dass die Menschen eher mit dem ersten Wachgedanken schon an ihre aktuellen Schwierigkeiten und Probleme denken und deshalb eher negativ als positiv eingestellt in einen neuen Tag starten?

Man braucht mit Sicherheit kein großer Fachmann in Sachen positive Selbstbeeinflussung zu sein, um sofort zu begreifen, welche von beiden Möglichkeiten die bessere und vielversprechendere wohl im Hinblick auf einen positiven Start in den Tag wäre. Trotzdem verändern die meisten in aller Regel nichts an ihren Gewohnheiten, obwohl dies höchst einfach und kinderleicht wäre.

Viele Menschen, mit denen ich es im Leben zu tun habe, fragen mich – meist mit einer etwas leidenden Stimme: »Warum geschieht denn das alles immer ausgerechnet mir?« Ich antworte ihnen in der Regel dann immer mit einer Gegenfrage, die da lautet: »Ja, wem denn sonst? Wen würden Sie denn vorschlagen?«

## Es gibt Millionen lebendige Tote

Die meisten Menschen hier in Europa sterben heutzutage mit 25 Jahren, werden aber erst mit 75 Jahren beerdigt. Soll heißen: Mit 25 Jahren sind Ausbildung, Hochschule, Lehre und ähnliche Herausforderungen zunächst einmal beendet; viele sind bereits verheiratet, haben das erste Kind (oder die ersten Kinder) in die Welt gesetzt, und nun soll möglichst alles in so genannten »geregelten Bahnen« verlaufen. Ja keine Veränderungen! Sie wollen weder einen Standort- oder Berufswechsel noch irgendwelche anderen »unangenehmen Herausforderungen«, die mit Veränderung und Umdenken zu tun haben.

Genau das aber ist das eigentliche Salz in der Suppe des Lebens, denn wir sind unter anderem auch hier auf dieser Welt, um eben solche Herausforderungen anzunehmen, zu meistern und um uns mit den Widrigkeiten und Chancen des Lebens bewusst auseinander zu setzen. Deshalb, und nur deshalb sind wir in diesem Körper, in dieser Person, die wir heute sind, inkarniert, deshalb sind wir in dieses Korsett aus Fleisch und Blut geschlüpft. Stagnation, Stillstand aber bedeutet immer und überall auf dieser Welt Rückschritt, und deshalb werden Sie auch immer wieder Menschen begegnen, die alles daran setzen werden, keine Veränderungen in ihrem Leben zuzulassen, aber sich trotzdem ständig darüber beschweren, dass es ihnen nicht besonders gut, sondern ganz im Gegenteil immer schlechter geht.

Erst dann aber, wenn wir aufhören mit unseren Selbstmitleidpartys, erst dann beginnt unser wirkliches Leben. Leo Tolstoi, der große russische Schriftsteller, hat einmal gesagt: »Der Mensch geht lieber zugrunde, bevor er seine Gewohnheiten ändert«, und damit hatte er zweifellos Recht. Zwei Beispiele in diesem Zusammenhang sind das Rauchen oder auch der Alkohol; es ist uns zwar völlig klar, dass wir uns und unseren Körper damit mit der Zeit zerstören, trotzdem siegt die Abhängigkeit immer und immer wieder über die Vernunft, denn wir selbst haben längst aufgehört, der Chef in unserem Körper zu sein und dieses Feld völlig kampflos den Gewohnheiten und Giften überlassen, die unseren Körper inzwischen völlig beherrschen. Frei nach dem Motto: »Ich bin wirklich nicht feige, nur viel stärker als der Held in mir.«

## »Tun ist gefragt«

Was können wir aber tun, wenn wir in einer emotionalen Sackgasse oder einer persönlichen Schwierigkeit stecken? Zunächst einmal will ich den folgenden Leitsatz voranstellen:
»Selbstverwirklichung ist das Ziel der Verhaltensänderung.«
Erst dann nämlich, wenn wir unser eigenes Verhalten ändern, können wir uns selbst auch verwirklichen. Unser aller Verhalten ist aber in der Regel durch Gewohnheit, Angst, Frust, Medien und unseren persönlichen Umgang mit den Menschen in unserem Umfeld bestimmt und hat in der Regel nur wenig mit einer gezielten positiven Lebensplanung zu tun. Wenn in einer Familie etwas Neues und vielleicht auch Negatives ansteht, hört man oft den Ausruf: »Um Gottes willen, was werden die Nachbarn dazu sagen?« Er ist wohl das beste Beispiel für diese Haltung. Alle Lebenshilfebücher in der ganzen Welt aber sagen in ihrer Essenz ein und dasselbe, nämlich: Alles ist erreichbar unter der Voraussetzung der persönlichen Disziplinierung, des Durchhaltevermögens und der Arbeit an der inneren Stimme, der Stimme unserer Seele, die uns auf unserem Lebensweg immer die richtigen Schritte tun lässt, wenn wir es einmal gelernt haben, sie zu verstehen beziehungsweise mit ihr zu kommunizieren.

## Es »menschelt« überall

Was tun aber die Menschen, selbst wenn sie diese geistigen Gesetze kennen? Nun, sie warten meist mangels Disziplin, Mut und Entscheidungskraft ausschließlich auf ein Wunder, wie zum Beispiel einen Lotto- oder Lotteriegewinn. Sie diskutieren, hadern, sind ungeduldig, und selbst von starken Persönlichkeiten, die begonnen haben, sich positiv umzuprogrammieren, höre ich oft spätestens nach sechs bis acht Wochen die Klage: »Es ist verdammt schwer!«

Niemand hat aber je behauptet, dass die Veränderung der Persönlichkeit, die Transformation des eigenen Lebens also, etwas Leichtes ist, was man so eben mit links gestalten kann.

Wer allerdings einmal einige Wochen beziehungsweise Monate intensiver geistiger Arbeit in Sachen Selbstkontrolle und Disziplin durchhält, der wird sehr schnell erkennen, dass der Karren sich plötzlich in eine ganz andere, viel bessere und vielversprechendere Richtung bewegt.

Hier trennt sich auch immer die Spreu vom Weizen, sprich 90 Prozent derer, die sich dieser Arbeit anfangs stellen, geben sehr schnell wieder auf, weil sie erkennen, dass sie mehr ist als nur eine spielerische Plänkelei und dass der Weg zum Herzen, zur Intuition sehr steinig und lang sein kann und mit viel persönlicher Veränderung einhergeht. 10 Prozent derjenigen, die sich an den Start gewagt haben, allerdings beißen sich durch und stellen begeistert fest, dass das Licht am Ende des Tunnels heller, schöner und vielversprechender ist, als sie sich jemals vorstellen konnten.

## Mind trends

Ich selbst erinnere mich noch sehr genau daran, wie Anfang der sechziger Jahre damit begonnen wurde, das autogene Training beziehungsweise Meditationsübungen

als Hilfe zur Selbsthilfe bei großem Stress und starker persönlicher Anspannung einzuführen. Allein schon das Bild eines Meditierenden in der Presse oder auf dem Bildschirm löste damals landesweit spontane Heiterkeit und Spott aus. Mit »Spinner«, »Idioten«, »nicht mehr ganz sauber«, »die haben wohl etwas an der Waffel« und ähnlichen Attributen wurden damals Menschen, die diese geistigen Techniken übten, bedacht, und die große Masse war sich sehr schnell einig darüber, dass es sich bei diesen Methoden ausschließlich um Scharlatanerie und Leute-Verdummung handeln müsse.
Und heute? Beides ist inzwischen zu einer festen Einrichtung in unserer Gesellschaft geworden, wird an Volkshochschulen gelehrt, von Sportidolen wie Michael Schumacher, Jan Ullrich, Steffi Graf, Boris Becker, Henry Maske, aber auch von Managern, Hausfrauen, Außendienstmitarbeitern, Dienstleistungsunternehmern und vielen anderen mehr angewandt, und niemand tippt sich heute mehr hämisch mit dem Finger gegen die Stirn, wenn er damit konfrontiert wird. Im Gegenteil, damit würde er es heutzutage fast schon riskieren, sich selbst zu »outen«. Kurz: Autogenes Training und meditative Übungen sind inzwischen nicht nur gesellschaftsfähig geworden, sondern auch längst wissenschaftlich als überaus hilfreich, gesundheits-, erfolgsfördernd und stresslösend belegt und unter anderem auch oft von den Krankenkassen finanziell gefördert.
Heute allerdings, wo wir alle vor der wohl größten gesellschaftlichen Herausforderung seit der Zeit des Wiederaufbaus in den fünfziger und sechziger Jahre stehen, sollten wir uns genau an diese Jahre wieder einmal erinnern. Ohne die Arbeit mit der Kraft unseres Geistes nämlich, ohne ein neues Denken, eine geistige Erneue-

rung sowie das Loslassen althergebrachter Strukturen und Verhaltensweisen wird sich die heutige Gesellschaft aller Wahrscheinlichkeit nach langfristig wirtschaftlich, finanziell und moralisch selbst zu Grunde richten.

Nichts in dieser Welt ist so sicher wie Veränderung, aber auch nichts ist so schwierig wie das Zulassen und die Annahme dieser Veränderungen, weil eben Althergebrachtes und Gewohntes dabei zwangsläufig verloren gehen muss. Wie schrieb doch kürzlich ein mir leider unbekannter Philosoph so treffend: »Wenn die Winde der Veränderungen wehen, bauen die meisten Mauern, einige wenige dagegen Windmühlen.«

Wenn wir erkennen, dass all die immensen Herausforderungen unserer heutigen Zeit lediglich eine Aufforderung zum Überdenken festgefahrener Positionen und damit verbundener falscher Denk- und Handlungsweisen sind, dann können wir diese »Winde«, die sich vielleicht schon bald zu handfesten Stürmen ausweiten werden, positiv nutzen, um mit ihrer Hilfe neue gesellschaftliche Strukturen und einen umfassenden Wertewandel hier in Europa zu schaffen.

Da dieses Umdenken in unserer heutigen »Zufallsgesellschaft«, in der die Millionenumsätze der Bildzeitung und die Einschaltquoten einer Harald-Schmidt-Show beziehungsweise einer Sendung wie »Big Brother« das Bildungs- und Geistesniveau trefflich repräsentieren und bloßstellen, aber wohl kaum ernstlich und flächendeckend zu erwarten sein dürfte, liegt es schlicht an Ihnen selbst, die notwendigen Veränderungen herbeizuführen, um sich diesem geistigen »Fast Food« unserer heutigen Zeit wirksam entziehen zu können. Aber wie macht man das?

## Mehr Vertrauen in die innere Stimme entwickeln

Ihre geistige Führung hat Sie einst aus einem mikrokleinen Samen erschaffen, und sie allein kennt auch den perfekten Bauplan Ihres Körpers. Wie um alles in der Welt sollte sie versagen können, wenn Sie um Glück, Reichtum, einen neuen Job oder auch um eine bessere Gesundheit bitten? Wer steuert denn den Schlag Ihres Herzens, und wer verwandelt die Speisen, die Sie zu sich nehmen, zu Muskeln, Blut, Haut, Knochen oder Haaren? Wer lässt Ihre Fingernägel wachsen? Wer übernimmt nachts die Kontrolle über Ihren gesamten Körper inklusive aller Organe, wenn Sie und Ihr Bewusstsein schlafen gehen? Und wer lässt geschlagene Wunden, egal ob physischer oder psychischer Natur, immer wieder heilen?
Es wird Zeit, dass Sie sich all diesen Fragen einmal ganz bewusst stellen, denn dadurch verstärken Sie Ihr Vertrauen in jene immense Kraft in Ihrem Inneren, die die Christen »Gott« und die Atheisten die »Kraft des Universums« nennen und der auch Sie Ihr Leben verdanken, ganz gewaltig.

## Die Realität zählt nicht immer

Egal, welches Problem Sie auch haben, ob Sie krank, arbeitslos, unglücklich oder gar pleite sind – gehen Sie einfach von heute an einmal ganz bewusst raus aus diesen »sturmgepeitschten Mangelszenen«, die sich Tag für Tag in Ihrem Kopf und vor Ihrem geistigen Auge abspielen und die sich doch immer nur darum drehen, wie schlecht es Ihnen geht. Stellen Sie sich stattdessen ganz bewusst und mit geschlossenen Augen lebhaft Szenen und Situationen vor, die sich ausschließlich mit dem glücklichen Ausgang Ihrer Probleme befassen und beschäftigen. Steigern Sie sich täglich in diesen »inneren Spielfilm« immer wieder hinein und halten Sie über viele Wochen hinweg eisern daran fest, ganz egal ob die Realität momentan noch das Gegenteil widerspiegelt – und erleben Sie, wie sich die Dinge dann nach und nach auch in Ihrem äußeren Leben verändern.

Merke: Alle, und ich betone ausdrücklich *alle* unsere persönlichen Miseren sind ausschließlich nur durch uns selbst verursacht! Wenn Sie das einmal in vollem Umfang begriffen haben, werden Sie viel mehr Spaß und Freude an Ihrem Leben haben, denn: Alles, was Sie durch Ihr Denken aussenden, kehrt immer wieder verstärkt zu Ihnen zurück. Das, was Sie heute sind, ist also nichts anderes als Ihr erwachsen gewordenes Denken und Fühlen von gestern; deshalb kontrollieren Sie Ihre Gedanken, Ihre inneren Bilder und Gefühle von nun an sehr genau, damit Ihr Morgen auch so werden kann, wie Sie sich dies wünschen.

Es sind also niemals die anderen, weder die Kollegen noch der Staat, weder die Nachbarn noch die Freunde, es sind immer nur ausschließlich wir selbst, die für unsere jeweilige Situation, egal ob positiv oder negativ, verantwortlich zeichnen. Wenn wir dagegen für Veränderungen bereit sind und uns trauen, neue, ungewohnte Wege zu gehen, dann kommen die Erfahrungen, Erkenntnisse und die notwendigen Wegweiser ganz von selbst zu uns, eben weil sie schon immer da waren – lediglich wir sind es, die es nun wagen, bewusster und genauer hinzusehen.

Frei nach dem Motto »Selbst ist der Mann« jahrzehntelange Denkfehler und persönliche Unzulänglichkeiten dann aber – völlig ohne Hilfe von Fachleuten – in nur wenigen Tagen oder Wochen, so wie dies viele Lebenshilfebücher beschreiben, ins Positive zu verändern, funktioniert allerdings nicht immer ganz so problemlos, wie uns dies Motivationstrainer und Autoren in ihren Büchern ständig in Aussicht stellen.

# 2. Kapitel

- Die Einheit von Körper, Geist und Seele
- Jeder Sportler braucht Trainer und Coaches
- Nur die Einstellung zählt
- Läuse und Flöhe
- Wir sind das, was wir denken
- Tod oder Leben – das ist hier die Frage

# Tausende sind anfangs oft nur frustriert

**A**ls ich kürzlich vor einem Regal in einer Buchhandlung stand, um mich über die neueste Literatur in Sachen »Neues Bewusstsein« zu informieren, hörte ich – zugegeben, etwas unfreiwillig, aber dafür umso interessierter – einem jungen Ehepaar zu, das in meiner unmittelbaren Nähe stand und offenbar auf der Suche nach geeigneter Lebenshilfeliteratur war. »Ich kann es bald nicht mehr hören«, sagte der Ehemann: »›Sorge dich nicht – lebe‹, ›Du bist die Nummer Eins‹, ›Nimm dein Glück selbst in die Hand‹, ›So kannst du deine Träume verwirklichen‹, ›Werde reich und glücklich‹, ›Die dynamischen Gesetze des Reichtums‹ und so weiter. Meditationen, Kassettenprogramme, Seminare, Vorträge. Aber was bitte, bis auf ein paar unbedeutende Teilerfolge, hat sich denn bis heute wirklich Entscheidendes in unserem Leben getan, seit wir mit den in diesen Büchern empfohlenen Techniken arbeiten? Komm, lass uns bitte wieder gehen, das hat doch alles keinen Sinn. Wer wie wir beide in finanzieller Hinsicht nun mal die ›Krätze‹ am Hals hat, dem hilft eben nur ein dicker Lottogewinn!« Seine Frau, die ihm die ganze Zeit schon kopfnickend beipflichtete, machte ebenfalls auf dem Absatz kehrt, hakte sich energisch bei ihrem Gatten unter, und während beide in Richtung Ausgang strebten und keinen halben Meter an mir vorbeigingen, meinte sie noch mit tränenerstickter Stimme: »Kannst du mir bitte sagen, warum gerade uns beide ein Nackenschlag nach dem anderen trifft, wir haben doch wirklich niemandem etwas getan!?«

## Die Einheit von Körper, Geist und Seele

Inzwischen geht es leider Millionen von Menschen, die sich mit Hilfe von Lebenshilfeliteratur eine wie auch immer geartete schnelle und umfassende Verbesserung ihrer persönlichen Sorgen und Herausforderungen erhofften, ähnlich wie diesem Ehepaar. Wir alle aber wissen – oder sagen wir lieber »erahnen« –, dass durchaus etwas dran sein muss an der Verbindung zwischen Körper, Geist und Seele und dass wir auch durch entsprechende Techniken einen gewaltigen Einfluss auf unsere persönlichen Lebensverhältnisse nehmen können. Nur – ganz so einfach, wie uns dies die einschlägige Lebenshilfeliteratur verspricht, scheint es dann doch nicht zu sein.

## Jeder Sportler braucht Trainer und Coaches

Auch wenn Sie beispielsweise einen sehr guten Steuerratgeber besitzen, so haben Sie damit ganz sicher noch lange nicht die Kompetenz, Erfahrung und das fundierte Wissen eines guten Steuerberaters und sind deshalb mit dem Buch allein noch lange nicht in der Lage, Ihre Einkommensteuererklärung professionell und fehlerlos anzufertigen. Genauso verhält es sich in Sachen Lebenshilfe. Jahrzehntelanges Fehlverhalten, mentale Blockaden aus der Kindheit und Jugend ebenso wie verletzte Gefühle durch Eltern, Erzieher und andere Menschen müssen nämlich zuerst einmal aufgespürt, erkannt, geortet und Schritt für Schritt aufgearbeitet und geheilt werden. Aber auch eine neue positiv-konstruktive Denkweise will zuerst geübt, trainiert, im Alltag gelebt und schließlich tief im Unterbewusstsein fest und unumkehrbar verankert werden. Positive Vorstellungen, persönliche Zielsetzungen und Visionen müssen uns zunächst in Fleisch und Blut übergegangen sein, bevor wir sie dann eines Tages im Außen wirklich als Erfolge materialisieren und erkennen können.

Therapeutisches Coaching, ein gewisses Maß an Disziplin, sehr viel Geduld mit sich selbst und vor allem der Mut, den eigenen inneren Schattenseiten und Ängsten bewusst zu begegnen, sowie auch die Bereitschaft, in diese persönliche Entwicklung Zeit und vor allem auch etwas Geld zu investieren, ähnlich wie man es für Sport, Kino, Theater, Urlaub, Steuerberater oder Altersversorgung tut, sind deshalb absolut notwendige Voraussetzungen für den Neubeginn.

Ist es nicht schon fast »pervers«: In unsere Ferien, Autos, Kleidung, Wohnung und so weiter stecken wir ohne weiteres Zehntausende von Mark, Schilling oder Franken im Laufe unseres Lebens. Ist es da nicht überlegenswert, einen Teil dieses Geldes, bevor man sich vorschnell von Lebenshilfetechniken abwendet, nur weil man sie auf sich allein gestellt nicht gleich umsetzen konnte, in sich selbst beziehungsweise in seine Fähigkeit, sein Leben künftig glücklicher, gesünder und erfolgreicher gestalten zu können, zu investieren?

Ein guter Hypnosetherapeut kostet heute etwa 150 Mark pro Stunde, und in 12 bis 14 Stunden kann man gemeinsam mit ihm schon eine ganze Menge erarbeiten und erreichen. Ein Selbsthilfeseminar von drei oder vier Tagen beläuft sich preislich mit Hotel, Trainer und Therapeuten auf etwa 1400 bis 1700 Mark. Alles also keine unerschwinglichen Kosten, trotzdem wagen viele, die es dringend notwendig hätten, es einfach nicht, sich helfen zu lassen, weil sie schlicht Angst davor haben. Ich frage mich nur, vor was, etwa davor, wirklich den Durchbruch zu schaffen?

Als ich mir beispielsweise 1976 ein Regelbuch über Tennis zulegte, war dies sicher der erste Schritt, das Tennisspielen zu erlernen. Trotzdem würde ich vermutlich heute noch keinen vernünftigen Ball übers Netz bekommen, hätte ich mir nicht außerdem Tenniskleidung, einen Schläger sowie etliche Tennisstunden mit dem entsprechenden Lehrer gegönnt und finanziert. Ich werde zwar bestimmt kein Pete Sampras mehr werden, aber ich bin heute immerhin in der Lage, die Bälle innerhalb der Spielfeldbegrenzung zu platzieren (oder manchmal auch nicht).

Will heißen: Auch wenn es beim positiven Denken nicht unbedingt zur Karriere und zum Bankkonto eines Michael Jackson oder Michael Schumacher reicht, so ist ein Hundertstel davon doch auch schon eine ganze Menge, oder etwa nicht? Die Parole heißt also auch hier: Lernen, trainieren, anwenden und durchhalten. Und wenn Sie alleine auf sich gestellt nicht sofort von null auf hundert beschleunigen können, dann suchen Sie sich doch einfach ein paar Programme, Seminare und Trainer, die eine fundierte, fachlich untadelige Ausbildung nachweisen können, und lassen Sie sich von diesen einfach eine Zeit lang coachen. Danach werden Sie wahrscheinlich sehr schnell feststellen, dass die Arbeit mit dem Unterbewusstsein in Wahrheit eine grandiose und sehr erfolgversprechende Geschichte mit höchst verblüffenden Ergebnissen sowohl in Sachen Partnerschaft, Gesundheit, persönlicher Zufriedenheit und sich ständig verbessernder Finanzen ist.

Wie war doch gleich noch der Schluss-Satz des Fernsehfilms »Der König von St. Pauli«, der vor Jahren Millionen von Fernsehzuschauern an den Bildschirm fesselte: »Leben ist das, was uns zustößt, während wir auf die Erfüllung unserer Hoffnungen und Träume warten.«

## Nur die Einstellung zählt

Es ist also allein unsere innere Einstellung, die verantwortlich dafür ist, was wir an Ereignissen und Schicksalen in unser Leben »ziehen«, denn nur die Gedanken, die wir denken und denen wir Akzeptanz und Energie geben, spiegeln sich in unseren äußeren Lebensumständen auch wider. Anders ausgedrückt: Unser Denken erschafft unsere Lebensumstände! Derjenige, der Wut und Ressentiments gegenüber anderen hegt und ausschließlich seine Umgebung für all die Dinge verantwortlich macht, die in seinem Leben geschehen, wird deshalb auch völlig andere Erfahrungen machen als etwa sein Nachbar, der sich vielleicht schon längere Zeit von der Liebe, der Vergebung und der Selbstverantwortung leiten lässt.

Die Differenz der jeweiligen Erfahrungen dieser beiden Personen ist dabei auch der Gradmesser ihres ganz persönlichen Entwicklungsstandes. Im Leben läuft nämlich immer alles nach dem geistigen Urgesetz, dass Gleiches nur Gleiches anziehen kann, ab. Beständig fließt ein endloser Gedankenstrom auf uns Menschen zu; ähnlich wie beim Einkaufen im Supermarkt müssen wir deshalb ununterbrochen auf der Hut sein und unsere Wahl treffen. Auch beim Shopping haben wir ein riesige Auswahl verschiedener Waren zur Verfügung sowie gewisse Wünsche und Geschmacksrichtungen, die wir zu befriedigen versuchen. Nehmen wir uns beim Einkaufen aus Unkonzentriertheit aber das Falsche mit nach Hause, so ist der Artikel in vielen Fällen – speziell bei verderblichen Waren – später nicht mehr umtauschbar. Ähnlich ist es mit unseren Gedanken, denn der Versuch, etwas, was man durch seine Gedanken in sein Leben gezogen hat, wieder loszuwerden, gestaltet sich oft äußerst schwierig und wird immer problematischer, je länger uns das Gedachte anhängt.

**Läuse und Flöhe**

Lassen Sie mich dazu ein Beispiel machen: Wenn sich jemand Läuse oder Flöhe eingefangen hat, dann ist es meist unheimlich schwierig für ihn, diese Tierchen wieder loszuwerden, denn sie werden sich nur dann wieder von ihm verabschieden, wenn ihnen die Voraussetzungen dort, wo sie sich aufhalten, nicht mehr zusagen. Das heißt, der Betroffene muss zunächst die Voraussetzungen dafür schaffen, Läusen und Flöhen keine Nahrung und kein Zuhause mehr zu bieten.
Neid, Schadenfreude, Manipulationen, Lügen und Süchte aller Art sind aber ein solches »geistiges Ungeziefer«. Es sind die negativen Energiepotenziale, die wir

von anderen Menschen, egal ob sie noch leben oder tot sind, angenommen beziehungsweise übernommen haben, die wir pflegen, hegen und mit wachstumsfördernden Gedankenenergien versorgen. Ein gutes Beispiel dafür ist auch die irrige Meinung vieler Menschen, dass Krebs automatisch eine tödliche Krankheit sei.

## Wir sind das, was wir denken

Dazu ein Ausschnitt aus dem sehr empfehlenswerten Buch von Thorwald Detlefsen, »Krankheit als Weg«, welches den von mir eben eingeschlagenen Gedankengang noch etwas mehr verdeutlichen soll: »Hier liegt der Schlüssel zur Krebserkrankung. Es ist kein Zufall, dass unsere Zeit so stark unter Krebs leidet, so versessen ihn bekämpft und dabei so erfolglos ist (Untersuchungen des amerikanischen Krebsforschers Hardin B. Jones haben ergeben, dass die Lebenserwartung unbehandelter Krebspatienten größer zu sein scheint als die behandelter Patienten!). Die Krebskrankheit ist Ausdruck unserer Zeit und unseres kollektiven Weltbildes. Wir erleben in uns als Krebs nur das, was wir ebenfalls leben. Unser Zeitalter ist gekennzeichnet durch rücksichtslose Expansion und Verwirklichung der eigenen Interessen. Im politischen, wirtschaftlichen, ›religiösen‹ und privaten Leben versuchen die Menschen, ihre eigenen Ziele und Interessen ohne Rücksicht auf (›morphologische‹) Grenzen auszubreiten, versuchen überall Stützpunkte ihrer Interessen zu gründen (Metastasen) und nur ihre eigenen Vorstellungen und Ziele gelten zu lassen, wobei man alle anderen in den Dienst des eigenen Vorteils stellt (Schmarotzerprinzip). Wir alle argumentieren wie

die Krebszelle. Und sie wächst und gedeiht so schnell, dass auch wir mit der Versorgung kaum noch nachkommen. Unsere Kommunikationssysteme sind weltweit ausgebaut, doch die Kommunikation mit unserem Nachbarn oder Partner will uns immer noch nicht gelingen. Der Mensch hat Freizeit, ohne etwas damit anfangen zu können. Wir produzieren und vernichten Nahrungsmittel, um damit Preise zu manipulieren. Wir können bequem die ganze Welt bereisen, aber wir kennen uns selbst nicht.
Die Philosophie unserer Zeit kennt kein anderes Ziel als Wachstum und Fortschritt. Man arbeitet, experimentiert, forscht – warum? Um des Fortschritts willen? Welches Ziel hat der Fortschritt? Noch mehr Fortschritt! Die Menschheit ist auf einem Trip ohne Ziel. Sie muss sich deshalb immer neue Ziele setzen, um nicht zu verzweifeln. Die Blindheit und Kurzsichtigkeit der Menschen unserer Zeit stehen der Krebszelle um nichts nach. Um die wirtschaftliche Expansion voranzutreiben, benutzte man jahrelang die Umwelt als Nährboden und Wirt, um heute ›mit Erstaunen‹ festzustellen, dass der Tod des Wirtes auch den eigenen Tod beinhaltet. Die Menschen betrachten die ganze Welt als ihren Nährboden: Pflanzen, Tiere, Rohstoffe. Alles ist einzig und allein dafür da, dass wir uns grenzenlos über die Erde ausbreiten können.
Woher nehmen Menschen, die sich so verhalten, den Mut und die Unverfrorenheit, sich über den Krebs zu beschweren? Er ist doch lediglich unser Spiegel, zeigt uns unser Verhalten, unsere Argumente und auch das Ende dieses Weges. Der Krebs braucht nicht besiegt zu werden, er muss nur verstanden werden, damit auch wir uns verstehen. Die Menschen haben Krebs, weil sie Krebs sind.«

## Tod oder Leben – das ist hier die Frage

Soweit Thorwald Detlefsen zu diesem Thema. Bei kaum einer Patientengruppe kann man besser beobachten, was der Geist und die innere Überzeugung im Leben eines Menschen auslösen und bewirken können als bei Krebspatienten. Menschen, die die Diagnose Krebs erhalten und in diesem Moment gefühlsmäßig bereits mit ihrem Leben abschließen, das heißt, sich auf ihren unvermeidlichen Tod vorbereiten (darüber schreiben sie dann auch noch Bücher und werden als große Vorbilder für andere Patienten dargestellt!), brauchen sich nicht zu wundern, dass der Krebs sich noch schneller und unkontrollierter ausbreitet und sich somit ihre Erwartung, sterben zu müssen, dann auch tatsächlich erfüllt. Andere Patienten dagegen, die die Diagnose Krebs nicht automatisch als tödlich und unheilbar betrachten, sondern innerlich davon überzeugt sind, dass sie diese Krankheit besiegen und danach gesund weiterleben können, beweisen wiederum eindrücklich, dass Krebs eine absolut heilbare Krankheit sein kann. Wo liegt also der Unterschied?
Er liegt ganz allein im Geist, im Denken, in der Akzeptanz oder Ablehnung der Meinungen anderer, hauptsächlich der Meinung der Schulmedizin und der Medien. Es sind ja auch wirklich nur Meinungen; Meinungen von Menschen, die wir oft kritiklos übernehmen, weil wir glauben, sie verstünden etwas von der Materie. Von der Materie selbst mögen sie ja etwas verstehen, aber leider in der Regel nur sehr wenig von den eigentlichen Ursachen, deren Konsequenz dieses körperliche Symptom ja in Wirklichkeit erst ist.

# 3. Kapitel

- Alles Materielle muss irgendwann zerfallen
- Wir sind verantwortlich
- Die Technik des konstruktiven Denkens
- Es gibt keine endgültigen Fehlschläge
- Ein gigantisches Puzzle

# Alles fließt

Grundsätzlich kann man den Fluss von Energien mit dem Fließen von Wasser vergleichen. Wasser fließt in der Regel zuerst nach unten. Soll es dagegen aufsteigen, so muss man seinen Zustand drehen beziehungsweise verändern. In diesem Falle müsste er also zunächst gasförmig gemacht, sprich das Wasser in Dampf verwandelt werden. Auf diese Art kann Wasser ohne weiteres nach oben »fließen«, also aufsteigen. Auch unsere Gedanken ziehen uns entweder nach unten oder sie bauen uns auf, je nach der Höhe der positiven oder negativen Frequenzen. Wie beim Wasser bewirken auch bei unseren Gedanken die jeweiligen Umstände die spätere Qualität der Materie.
Wer aber diese unverrückbaren Naturgesetze vorschnell und ohne sie auf Herz und Nieren geprüft zu haben, einfach ablehnt, der soll von mir aus auf ewig ein Traumtänzer bleiben. Realitäten entstammen den ewigen Naturgesetzen und nicht Selbsttäuschungen, auch wenn die Anzahl derer, die sie verbreiten, zur Zeit noch recht groß ist. Wir Menschen sind nun einmal die einzigen Lebewesen in dieser Welt, die die Möglichkeit haben, unmittelbar auf die Entwicklung ihrer Gedanken

und ihrer Gefühle Einfluss zu nehmen. Genau dies ist auch die eigentliche Bedeutung des freien Willens, und darin liegt unsere schöpferische Kraft. Als Gott uns einst schuf, gab er uns vor allem die Freiheit zu wählen, was wir denken und fühlen wollen. Mit dieser Freiheit gab er uns aber gleichzeitig die Verantwortung, die daraus resultierenden Folgen zu tragen beziehungsweise zu ertragen. Wer also positiv, sprich in Lösungen denkt, der wird in seinem Leben auch immer Lösungen finden; wer dagegen immer nur an Probleme und in Problemen denkt, der wird immer mehr Probleme bekommen, denn genauso, wie er denkt, so vollzieht es sich frei nach dem Gesetz von Ursache und Wirkung in seiner äußeren Welt. Dort, wo also die Totalsumme unserer Überzeugungen verankert ist, ist auch gleichzeitig das entscheidende Stellwerk für die »Weichen« unseres Lebens, und ausschließlich wir sind es, die dieses Stellwerk tagtäglich betätigen.

## Alles Materielle muss irgendwann zerfallen

Deshalb ist es wichtig für uns zu wissen, dass wir für alles, was wir denken und fühlen, auch die volle Verantwortung tragen, und wir sollten uns des weiteren darüber im Klaren sein, dass alles, was wir an Gedanken und Worten aussenden, eines Tages in verstärkter Form wieder zu uns zurückkehren wird.
Alles, was je in der materiellen Welt geschaffen wurde und wird, zerfällt irgendwann von selbst, ja, es muss zerfallen, weil es Materie ist. Gedanken dagegen sterben nicht, denn sie sind Energien, und Energien können niemals verloren gehen; sie und ihre Auswirkungen im

Außen können nur dann verändert, aufgelöst und aufgearbeitet werden, wenn sie durch neue Gedanken und Überzeugungen ersetzt werden. Deshalb kann unser aller Tod auch immer nur ein körperlicher Tod sein und niemals ein geistiger. Es ist sehr wichtig, sich dessen mehr und mehr bewusst zu werden.
Hannes Holey führt dazu in seinem Buch »Jesus 2000« (Fichtenau 1997) das Folgende aus: »Unsere Schöpfungskraft auf der inneren geistigen Ebene hat für unser Leben eine weitere, ganz elementare und gewaltige Bedeutung: Wir sind damit die Schöpfung unseres eigenen Lebens. Im Talmud finden wir dazu eine traumhaft kurze und treffende Formulierung:
›Achte auf deine Gedanken, denn sie werden Worte.
Achte auf deine Worte, denn sie werden Handlung.
Achte auf deine Handlungen, denn sie werden Gewohnheit.
Achte auf deine Gewohnheiten, denn sie werden dein Charakter.
Achte auf deinen Charakter, denn er wird dein Schicksal.‹«
Der amerikanische Theologe Ralph Waldo Emerson spricht im Zusammenhang mit der oben aufgezeigten Vernetzung von einem Gedanken-Verwirklichungs-Gesetz mit Wesens- und Schicksals-Automatismen.
Wer in dieses lebenswichtige Thema tiefer einsteigen möchte, findet heute ein gigantisches Angebot an entsprechender Literatur unter der Überschrift »Positives Denken« mit einer schillernden Vielfalt an Geistesausrichtungen, angefangen bei »Wie-werde-ich-gesund« oder »Wie-werde-ich-reich« bis hin zu den Höhen der Mystik und des Sufismus. Dies sind alles Gedankenkräfte, die eingebunden sind in das kosmische Prinzip

von Ursache und Wirkung und dem Gesetz der Kausalität folgen.

»Das Grundsätzliche sei aber hier kurz aufgezeigt. Jeder unserer Gedanken verändert irgendwann unser Schicksal. Mit unseren Gedanken, Werken und Worten ›erschaffen‹ wir alle künftigen Wirkungen in unserem Leben – unsere Wirklichkeit. Im Positiven wie im Negativen. Unseren Erfolg und unser Pech, unsere Gesundheit oder Krankheit, unser Glück oder Leid.«

**Wir sind verantwortlich**

Aus diesem Grund müssen wir alle möglichst rasch begreifen lernen, dass weder der Herr Meier noch der Herr Huber, weder der Chef, der Nachbar noch unsere Putzfrau verantwortlich sind für Probleme, die wir mit ihnen haben. Bestenfalls haben sich all diese Menschen gesucht und gefunden, denn niemand anderes als die jeweils Beteiligten waren es, die einst die gedankliche Saat für diese Kontakte und späteren Zwistigkeiten bewusst oder unbewusst gesät haben. Der Schlüssel allen Lebens ist folgerichtig die Kunst, möglichst harmonische Gedanken zu denken, denn nur dann können auch die entsprechenden Lebensumstände zu uns kommen.
Sehr gefährlich ist es beispielsweise, mit Gedanken zu spielen, denn sobald wir sie einmal zugelassen, das heißt ins Spiel gebracht haben, werden sie zwangsläufig zu Erfahrungen; sie werden unser Leben bestimmen und werden uns entweder Angst, Hass oder Vertrauen und Liebe bringen, je nachdem, welches Saatgut wir dadurch in unserem Unterbewusstsein »gepflanzt« haben. Wenn jemand also Angst- und Hassgedanken zulässt,

dann werden diese Gedanken später ganz unfehlbar zerstörerische Energien in sein Leben lenken.
Schaffen Sie sich deshalb ab sofort ein positives Gedankengebäude und positiv-konstruktive Ansichten und Einstellungen gegenüber Ihren Mitmenschen und gegenüber Ihrer Umwelt und Sie werden sehr schnell feststellen, dass sich dann auch die äußeren Umstände verändern werden.

## Die Technik des konstruktiven Denkens

Was fällt Ihnen spontan ein, wenn Sie die Worte »konstruktives« oder »positives« Denken hören? Die meisten Menschen kennen diese beiden Begriffe seit Jahren, und sie geben auch zu, dass es einfach besser ist, »konstruktiv oder positiv zu denken«, und sie räumen gerne ein, dass die vielfältigen Probleme unserer heutigen Zeit ohne eine positive Lebenseinstellung gar nicht mehr gemeistert werden können. Vielen fällt in diesem Zusammenhang das Beispiel mit dem berühmten Wasserglas ein, das man entweder als halb voll oder als halb leer bezeichnen kann, je nachdem, ob man die Sache positiv oder negativ betrachtet. Danach ist aber die Mehrheit auch schon wieder am Ende ihres Lateins, diese beiden Slogans betreffend.
Millionen in aller Welt haben Motivationsliteratur und Lebenshilfebücher zu Hause in ihren Regalen stehen, die sie zwar sehr gewissenhaft abstauben, die darin empfohlenen Anwendungen aber entweder nie ausprobiert oder im so genannten Alltagstrott schnell wieder vergessen haben. All diese Bücher aber belegen und beschreiben mit einer Unzahl von Beispielen, dass

jeder Mensch jederzeit in der Lage ist, Krankheiten aufzulösen, Gebrechen zu besiegen, Armut in Wohlstand zu verwandeln sowie alle Sorgen und Nöte des Alltags zu überwinden, wenn er dies wirklich will. Jeder kann also im Wohlstand leben, Probleme aller Art und Schwere lösen, gesund und glücklich sein, ein schönes Heim besitzen und einer lebenswerten Zukunft entgegensehen.

Die geistigen Umsetzungstechniken dafür sind mehr als zehntausend Jahre alt, und kein Geringerer als Jesus Christus selbst war es, der sich ihrer ständig bedient hat. In der Bibel lesen wir aber auch, dass er stets zu den von ihm geheilten Menschen sagte: »Nicht ich habe dir geholfen, dein Glaube hat dir geholfen«, was wiederum sehr eindrücklich belegt, dass Jesus in Wirklichkeit kein Wunderheiler war, sondern lediglich die ewig gültigen geistigen Gesetzmäßigkeiten des Universums anzuwenden wusste.

## Es gibt keine endgültigen Fehlschläge

Vor Jahren habe ich selbst, erst aus einer Notsituation heraus, damit begonnen, mich mit diesen uralten Lehren zu beschäftigen, und ich habe die von den jeweiligen Autoren vorgeschlagenen Techniken konsequent angewandt und mit Leben erfüllt. Im Laufe der Zeit stellten sich dann auch mehr und mehr Erfolge ein, geschäftlich wie auch privat. Ich lernte dadurch sehr eindrucksvoll, dass man Fehlschläge niemals als solche hinnehmen muss, sondern dass man jederzeit in der Lage ist, sie in das Gegenteil, also in Erfolge, umzuwandeln.

Ich analysierte damals zuerst meine vermeintlichen Misserfolge, indem ich mir meine Gedanken aus der Vergangenheit wieder ins Gedächtnis rief, und in 90 von 100 Fällen erkannte ich sehr klar, dass es immer nur meine eigene »Gedankensaat« war, die sich da manifestierte und dass ich lediglich auf der Stelle mein Denken und Fühlen verändern musste, um künftig gegenteilige – also positive – Wirkungen zu erzielen. Damals, vor 24 Jahren, war ich pleite, verbittert, kränklich und ich gefiel mir vor allem darin, meine Probleme auf andere Menschen und auf widrige Umstände im Außen zu schieben. Im Laufe der Zeit aber erkannte ich sehr klar, dass ich tatsächlich alles erreichen kann, was ich mir zum Ziel setze, wenn ich es verstand, meine Gedankenkraft richtig einzusetzen.

Die Menschen suchen heute ihr persönliches Glück überall in der Welt, nur nicht dort, wo es zu finden ist – nämlich in ihnen selbst. Eine nette Geschichte dazu möchte ich Ihnen deshalb im Folgenden erzählen:

»Als die Götter wieder einmal zornig waren, weil die Menschen alles taten, was verboten war, berieten sie darüber, welche Strafe sie ihnen auferlegen sollten. Schließlich einigten sie sich darauf, den Menschen ihr Glück zu nehmen, weil sie damit offensichtlich nichts anzufangen wussten. Einer der Götter sagte auf die Frage, wo man das Glück denn verstecken könne: ›Ich weiß es, wir verstecken es auf den höchsten Höhen der Berge, da kommen die Menschen nie hin.‹ ›Nein‹, sagte darauf ein anderer, ›auf der Suche nach ihrem Glück kommen die Menschen eines Tages auch dorthin. Ich bin dafür, dass wir das Glück in den tiefsten Tiefen der Meere verstecken!‹ Nun meldete sich ein Dritter zu Wort und sagte: ›Auch dort werden sie auf der Suche nach dem Glück eines Tages hinfinden. Aber ich glaube, ich habe die perfekte Lösung: Wir verstecken das Glück in den Menschen selbst, denn dort werden sie es nie suchen!‹ Dieser Lösung stimmten auch die anderen Götter begeistert zu.«

Natürlich ist dies eine sehr alte Fabel, allerdings auch eine sehr tiefsinnige, wie ich finde. Unser aller Fähigkeit, glücklich zu sein, ist, frei übersetzt, nichts anderes als unser Vermögen, mittels Gedankenkraft, Glauben und Vertrauen unser Leben nachhaltig zum Positiven hin zu verändern beziehungsweise zu verbessern. Alles ist nun einmal Energie, und jedem Energiefluss liegt eine Ursache und eine Wirkung zu Grunde. Wie innen, so außen. Wie oben, so unten. Alles fließt, und alles ist immer in Bewegung; Stillstand, Stagnation gibt es nirgendwo in der Natur.

## Ein gigantisches Puzzle

Es ist zunächst völlig egal und unwichtig, wie wir diese Kraft der Gedanken in uns bezeichnen und welchen Namen wir ihr geben; viel wichtiger ist es, sich ihrer bewusst zu werden und sie richtig anwenden zu lernen. Die Kraft des Glaubens, des Vertrauens und der Liebe, die in jedem Menschen darauf wartet, erkannt, befreit und letztendlich auch zu seinem Glück und Vorteil genutzt zu werden, gilt es heute mehr denn je freizulegen, denn wir alle sind eben nur in zweiter Linie »Körper«. Viel wichtiger ist, dass jeder Mensch eine so gewaltige geistige Kraft in sich hat, dass sie – richtig kanalisiert, angewandt und in Bahnen gelenkt – weltweit von heute auf morgen Krankheit, Not, Elend,

Hass, Feindseligkeit, Armut und Unterdrückung überwinden könnte.

Wie bei jedem Puzzle ist das ganze Bild nicht perfekt, wenn die wichtigsten Teile in der Mitte fehlen, und deshalb muss jeder Einzelne damit beginnen, sein Denken bewusst zu kontrollieren und positiv zu kanalisieren, um seine äußeren Lebensumstände Schritt für Schritt besser in den Griff zu bekommen. Alles ist möglich durch die von leider sehr vielen Menschen noch völlig ungenutzte Urkraft des konstruktiven Denkens, wie das nun folgende Beispiel sehr anschaulich beweist.

Manuela, eine junge Kunststudentin, wurde mit nur 15 Prozent Sehstärke auf ihrem linken Auge geboren. Sowohl die Augenärzte als auch ihr familiäres Umfeld machte ihr nicht die geringste Hoffnung, dass sich daran jemals etwas ändern könnte. Manuela dagegen fand sich, sobald sie selbstständig denken konnte, nie endgültig mit dieser Behinderung ab und spürte tief in ihrem Inneren stets, dass es eines Tages doch noch eine spürbare Besserung für sie geben würde. An ihrem 24. Geburtstag bekam sie dann von einer Freundin mein Buch »Ich will, ich kann, ich werde« geschenkt, welches sie – wie sie mir damals schrieb – in Windeseile verschlang. Alles, was sie darin las, bestärkte sie noch fester in ihrem Glauben, eines Tages ihre Sehkraft doch noch spürbar verbessern zu können. Vier Wochen später geschah während eines Meditationsseminars das fast Unglaubliche. Mitten in einer tiefen Entspannungsübung bekam sie ganz plötzlich fürchterliche Schmerzen in der gesamten linken Kopfseite. Sie schrieb mir später dazu: »Ich sah nur noch Feuer vor mir und visualisierte, wie eine Art Geschoss sich in mein linkes Auge bohrte.«

Natürlich erschrak sie furchtbar und schoss sofort aus der Meditation hoch. Einer der anwesenden Trainer kümmerte sich um sie und beruhigte sie gleichzeitig. Als sich der erste Schrecken gelegt hatte, merkte sie mit einem Mal, dass sie ihre gesamte Umwelt viel heller wahrnahm und sich der Blickwinkel ihres linken Auges fast um das Doppelte erweitert hatte.

Was war passiert? Manuela hatte sich in Wirklichkeit niemals von den Ärzten und ihrem familiären Umfeld negativ beeinflussen lassen. Intuitiv wusste sie: Ich werde eines Tages deutlich besser sehen können. Mein Buch war so eine Art Türöffner, quasi der Durchbruch, denn nun war ihr plötzlich auch vom Verstand her klar geworden, dass sie, was sie innerlich fühlte, eines Tages auch wirklich schaffen konnte. Das Meditationsseminar selbst war letztendlich der geeignete Moment für ihr Unterbewusstsein, dieses so genannte »Wunder« dann auch körperlich vollziehen zu können. Hätte Manuela die vielen, vielen Negativaussagen, seitens ihres Augenarztes und seitens ihrer Eltern, über die Unmöglichkeit einer Sehkraftverbesserung geglaubt, akzeptiert und angenommen, so hätte sich an ihrem Zustand bestimmt niemals etwas Entscheidendes verändert. So aber tat die Kraft ihres Geistes, die Kraft ihrer Seele das, was Manuela unterbewusst über Jahre hinweg bereits intuitiv wusste, plante und vorbereitet hatte, sie leitete eine weitgehende Heilung in die Wege.

# 4. Kapitel

- Es gehören immer zwei dazu
- Sind wir der Spielball unserer Gefühle?
- Die Partnerschaft mit Gott suchen
- Der Mensch lernt Schritt für Schritt
- Bilder denken
- Die Logik sagt: Stimmt!
- Vergessen Sie Ihre Vorurteile
- Das »Kaufhaus des Universums« liefert alles, was wir wollen
- Theorien allein sind ungenügend

# Wie viel ein Gedanke wiegt

Nehmen wir einmal an, ein Gedanke hätte ein ganz spezifisches Gewicht. Dann müsste doch ein mehrfach gedachter Gedanke folgerichtig mehr wiegen als nur ein einfach gedachter, und ein tausendfach wiederholter Gedankengang müsste nach dieser Theorie logischerweise tausendmal mehr wiegen, richtig? Wenn wir nun das Wort »Gewicht« durch das Wort »Verwirklichungstendenz« ersetzen, so wäre es doch ebenfalls sehr logisch, dass ein oft genug wiederholter Gedankengang sich eines Tages manifestiert, materialisiert – oder anders ausgedrückt, dass er »Fleisch«, also greifbare und sichtbare Wirklichkeit wird. Mit anderen Worten: Das zunächst unsichtbare Feinstoffliche wird zum sichtbaren Grobstofflichen, so wie Tausende von Partikeln Feuchtigkeit sich mit der Zeit zu einem Wassertropfen vereinigen.
Eine Vielzahl einzelner Wassertropfen, in einem Gefäß gesammelt, kann man sogar zu Eis verwandeln, indem man sie mehrere Stunden einfriert. Auf diese Weise wird unsichtbar Feinstoffliches (Luftfeuchtigkeit) zu sichtbar Grobstofflichem (Eiswürfel).
Auch wenn wir Menschen es nicht wahrhaben wollen,

aber genauso funktioniert unser Leben auf dieser Erde. Jeder Gedanke, der einem wichtig ist und der uns dadurch bewusst oder unbewusst gefühlsmäßig über eine gewisse Zeit umtreibt, hat folgerichtig auch die Tendenz, sich irgendwann einmal zu materialisieren. Wir alle sind nichts anderes als das, was wir im Laufe unseres Lebens dominant, nachhaltig und x-fach wiederholt gedacht oder ausgesprochen haben.

## Es gehören immer zwei dazu

Wie bei der Zeugung eines Menschenkindes gehören aber auch in diesem Fall immer zwei Parteien dazu, um ein »Kind« zu zeugen, sprich einen Gedanken zu materialisieren: Erstens der Geist, der ihn hervorbringt, und zweitens ein positives Gefühl, gepaart mit einem disziplinierten Willen, der ihn befruchtet, denn kein Gedanke kann sich manifestieren, wenn er nicht mit viel Glaube und Überzeugung geladen ist. Genau deshalb verläuft das Leben der meisten Menschen auf unserem Planeten Erde auch oft unter der Rubrik »Vermischtes«, also ohne große Schwankungen nach oben und nach unten. Dies bedeutet, dass die meisten Menschen in Mitteleuropa sich nicht vorstellen können, besonders reich zu sein noch pausenlos am Hungertuch nagen zu müssen. Weil aber genau diese beiden geistigen »Mütter« (superreich/bettelarm) keine gedankliche Rolle spielen, besteht auch kaum die Hoffnung beziehungsweise die Gefahr, dass auch die dazugehörigen »Väter«, nämlich die Gefühle »Freude« oder »Angst« als Katalysator tätig werden, um eine der beiden angesprochenen Lebensqualitäten zu verwirklichen. Aus diesem Grund leben im mitteleuropäischen Raum die Menschen alle in der Regel finanziell zwar nicht im Überfluss, aber auch nicht in bitterer Armut.

Ganz anders dagegen verhält es sich auf dem Sektor Gesundheit und Sicherheit. Hier tragen die Berichte von Rundfunk, Fernsehen und der Presse dazu bei, Ängste vor Kriegen, Krankheiten, Überfällen und ähnlichem zu fördern. Dadurch schleicht sich, wenn wir solche Sendungen sehen, ein höchst negatives Gedankenbild in unseren Geist ein, nämlich die Angst, selbst einmal Opfer eines Krieges, eines Verbrechens oder auch einer schweren Krankheit zu werden, und schwupp – schon hat eine Paarung, ein geistiger Geschlechtsakt also, stattgefunden, der, lange genug gehegt und wiederholt, eines Tages dann genau jene Situation im Körper oder im Umfeld heraufbeschwört, vor der man sich fürchtete und die man keinesfalls so erleben wollte.

## Sind wir der Spielball unserer Gefühle?

Wenn dies alles aber tatsächlich so ist, dann erhebt sich doch die Frage: »Sind wir denn in Wirklichkeit nur der Spielball unserer Gefühle?« Die Antwort könnte lauten: Negative Lebenserfahrungen sind in erster Linie eine Folge der Unkenntnis geistiger Gesetzmäßigkeiten, deren richtige Handhabung bisher in keiner Schule dieser Welt gelehrt wird. Wenn man aber die Handhabung und Funktionsweise des Geistes und des Unterbewusstseins kennt und auch weiß, wie man damit umzugehen hat, trotzdem aber ständig negative Erfahrungen macht, so ist dies eine Art von Denkfaulheit, die einfach durch nichts zu entschuldigen ist.

Ich möchte Sie unter anderem mit diesem Buch in die Lage versetzen, Ihrem Leben eine möglichst rasche Wende zum Besseren zu geben – falls dies notwendig ist –, und deshalb möchte ich jetzt einen Begriff ins Spiel bringen, der speziell hier in Europa von fast allen Lebenslehrern bewusst vermieden wird, nämlich den Begriff »Gott«.

Viele Menschen haben nämlich, noch bevor sie mit ihrer geistigen Arbeit begonnen haben, zunächst einmal das Problem, ihrer inneren Kraft einen Namen zu geben. Viele vermeiden hartnäckig das Wort »Gott« und weichen auf andere Bezeichnungen wie »Geistige Macht«, »Innere Kraft«, »Unterbewusstsein«, »Geistiger Führer«, »Überbewusstsein« und ähnliche aus. Auch mir ging es anfangs so, denn mit Religion und Kirche glaubte ich seit der Schulzeit auf Kriegsfuß zu stehen, bis mir eines Tages ein Freund einmal erklärte, dass das Wort »Gott« aus der gotischen Sprache kommt und nichts anderes bedeutet als »Gut«.

## Die Partnerschaft mit Gott suchen

Obwohl ich dies niemals nachgeprüft habe (vielleicht lediglich, um nicht enttäuscht zu werden, sollte es nicht stimmen), konnte ich mich auf einmal mit dem Wort »Gott« mehr und mehr anfreunden, erhebe aber keinen Anspruch darauf, dass Sie dies genauso tun müssen.

Nennen Sie diese immense Kraft in Ihrem Inneren am besten so, wie Sie möchten, nur: Beginnen Sie, mit ihr zu arbeiten – das ist viel wichtiger als Titel und Namen zu verteilen, aber akzeptieren Sie bitte auch, dass ich diese Kraft klar deutlich und ohne Umschweife »Gott« nenne.

Sie werden im Laufe dieses Buches viele Beispiele finden, die sich mit den verschiedensten Varianten des konstruktiven Denkens beschäftigen und die Sie zugleich mit den Möglichkeiten und Techniken auf diesem Gebiet vertraut machen sollen. Versuchen Sie, zum besseren Verständnis die Zusammenhänge, die ich Ihnen immer wieder erkläre und erläutere, geistig nachzuvollziehen und zu durchschauen, denn Sie sollten genau wissen, was Sie tun und warum Sie es tun. Affirmation, Imagination, Glaube, Durchhaltevermögen und die später daraus resultierenden positiven Ergebnisse sind nur dann möglich, wenn Sie an Ihrer geistigen Arbeit diszipliniert festhalten und dies mit der Überzeugung tun, dass das Ganze auch funktioniert. Wer sein Leben komplett und nachhaltig in einen Erfolg verwandeln möchte, der kann zwar in wenigen Wochen ohne weiteres einige schöne Teilerfolge verbuchen, allerdings bedingt ein langfristig angelegter Erfolg immer auch die Bereitschaft zu einer umfassenden persönlichen Transformation und somit eine intensive Arbeit an den Persönlichkeitsstrukturen.

### Der Mensch lernt Schritt für Schritt

Wenn ein Mensch geboren wird, kann man ihn in Sachen Lebenserfahrung mit einer leeren Tonbandkassette oder einer Computerdiskette vergleichen, denn beide können nur das wiedergeben, was zuvor aufgenommen wurde. Der neugeborene Mensch lernt zunächst durch Greifen und Tasten seine Welt kennen. Jeder Lernschritt, den er dabei macht, prägt sich seinem Erinnerungsvermögen, also seinem Unterbewusstsein, ein und kann dort später wieder abgerufen werden. Ein hungriges Kleinkind weiß zwar noch nicht bewusst, was eine gefüllte Babyflasche mit Milchpulver und Wasser ist, aber es begreift nach einer Weile, dass es etwas zu essen gibt, wenn die Mutter sich ihm mit einer solchen Flasche in der Hand nähert.

Wenig später kann es dann schon den Unterschied zwischen einer vollen und einer leeren Flasche wahrnehmen. Schritt für Schritt macht ein Kind also Erfahrungen und speichert diese im Unterbewusstsein ab.

Wenn Kinder nicht einen angeborenen unbändigen Willen hätten, durchzuhalten und eine unsichtbare Kraft sie nicht ständig antreiben und motivieren würde, dann würden zigmillionen Menschen wahrscheinlich nie richtig laufen lernen, weil sie viel zu früh aufgegeben hätten. Haben Sie aber schon einmal einen 90-Jährigen gesehen, der zeit seines Lebens im Laufstall verbringen musste, nur weil er das Gehen nie richtig gelernt hat? Nicht? Nun, ich auch nicht – aber woran liegt das wohl?

Erstens sorgt unsere Natur dafür, dass wir alle früher oder später den aufrechten Gang erlernen, zweitens, und das ist das eigentlich Wichtige, wird ein Kind, das gerade laufen lernt, ständig durch die Eltern positiv motiviert. Man sagt: »Komm, du kannst es!«, »Ja, du schaffst es!«, kniet mit ausgebreiteten Armen fangbereit vor dem Filius oder der Tochter nieder und schenkt dem Kind das notwendige Vertrauen, das es braucht, um eines Tages alleine und ohne hinzufallen in die Arme der wartenden Eltern zu stolpern. »Das kannst du nicht«, »Das schaffst du nicht«, »Du bist viel zu blöd«, »Lass die Finger davon«,

»Das klappt sowieso nie« – diese ganz besonders »aufbauenden« Erziehungsmodelle kommen erst später zur Anwendung.

## Bilder denken

Versuchen Sie doch einmal den folgenden Test: Setzen Sie sich ganz ruhig hin, atmen Sie ein paarmal tief durch und schließen Sie die Augen. Lassen Sie sich dann von jemandem verschiedene Worte zurufen, zum Beispiel: »Blauer Elefant«, »Eifelturm«, »Malediveninsel«, »Matterhorn«, »Leuchtturm« und so weiter. Sie werden feststellen, dass automatisch die zugerufenen Gegenstände und Symbole vor Ihrem inneren (geistigen) Auge erscheinen, eben weil Sie sie schon kennen und tief in Ihrem Unterbewusstsein ein dazugehöriges Bild abgespeichert ist.

Nun ruft Ihnen Ihr Partner aber plötzlich das Wort »Maui« zu. Wenn Sie diese hawaiianische Insel nicht kennen, müssen Sie möglicherweise zurückfragen: »Wie bitte?« Im Gegensatz zu jemandem, der Maui kennt, sehen Sie zunächst nämlich gar nichts, denn in Ihrem »Bordcomputer« ist in Verbindung mit diesem Begriff kein Bild gespeichert; ein anderer dagegen, der Hawaii kennt, sieht im Gegensatz zu Ihnen sofort jene Trauminsel im Pazifischen Ozean mit ihren herrlichen Stränden und den tropischen Pflanzen. Wenn Ihr Partner auf Ihr Schulterzucken allerdings antwortet: »Maui ist eine hawaiianische Insel im Pazifischen Ozean«, dann können auch Sie ganz plötzlich etwas mit diesem Begriff anfangen, denn selbst wenn Sie sich noch nie mit Hawaii oder den hawaiianischen Inseln beschäftigt haben, so haben Sie bestimmt irgendwann schon einmal einen Film über die »Meuterei auf der Bounty« oder generell einen Piratenfilm gesehen und können sich eine solche Insel deshalb nun auch vorstellen. Sollte aber auch dies die Tore Ihres Unterbewusstseins noch nicht öffnen, so sind Sie mit Sicherheit schon einmal vor dem Schaufenster eines Reisebüros gestanden und haben vielleicht voller Wehmut das Bild einer sonnenbeschienenen Insel in den wärmeren Regionen unserer Erde betrachtet.

Gerade weil beim Anblick dieser Insel immer auch eine große Portion Wehmut – also Gefühl – mit im Spiel war, erinnern Sie sich sofort wieder an dieses Bild und können es abrufen. Wehmut ist also immer ein Gefühl, das direkt mit einem Bild in Verbindung steht, und deshalb ist beides zusammen – wie eingangs erwähnt – viel gewichtiger als ein Bild ohne einen direkten Gefühlsbezug.

Bei welchen Begriffen beispielsweise würde Ihnen denn eher das Wasser im Mund zusammenlaufen: Bei »Fleisch, Kartoffeln, Soße, Salat« oder bei »Züricher Kalbsgeschnetzeltes in Sahnesoße, Rösti und frischen Salaten der Saison?«

Wenn Sie heute erfahren, dass irgendwo im Westen Chinas einem Arbeiter ein Fahrrad gestohlen wurde, dann lässt Sie das sicherlich kalt, stimmt's? Passiert dasselbe aber Ihrem Kind vor der Schule, so sind Sie emotional sehr stark beteiligt, das heißt, Sie interessieren sich für die Umstände der Tat, wie das Fahrrad gesichert war und so weiter. Warum ist das aber so? Ganz einfach, weil Sie im ersten Fall nicht, im zweiten Fall aber sehr stark gefühlsmäßig engagiert sind. Wir halten also fest, dass wir mit jedem Gedanken auch ein Bild, ein Gefühl oder beides verbinden.

## Die Logik sagt: Stimmt!

Ein junges Mädchen, das gerne eine Weltreise machen möchte und zu sich selbst sagt: »Ich habe das Geld nicht!«, kommt nicht sehr weit. Sie muss im Geiste zuerst dorthin reisen, wo sie körperlich einmal hinmöchte, damit ihr Unterbewusstsein sie eines Tages auch dorthin bringen kann. Dazu gehört, dass sie sich zunächst über einige Monate hinweg eine strenge Disziplin auferlegt, was ihr Denken und ihren Tagesablauf anbetrifft.
Wenn ich mich ab und an mit Menschen in meinen Seminaren ein wenig privat unterhalte und sie frage, was sie in ihrem Leben denn für Ziele haben, so höre ich meist nur das von ihnen, was sie sich auf gar keinen Fall wünschen. Fast jedes Mal, wenn ich diese Frage stelle, beginnt die Antwort mit den Worten: »Auf gar keinen Fall will ich dieses oder jenes«. Das heißt, wir alle wissen immer sehr genau, was wir *nicht* wollen. Deshalb brauchen wir uns auch nicht darüber zu wundern, dass wir pfeilgerade das bekommen, was wir nicht haben möchten, denn schließlich geben wir genau diesem Gegenstand oder Umstand durch unsere Gedankenkraft ständig neue Energien.
Wir müssen also anfangen zu begreifen, dass wir jeweils eine auswählende und eine ausführende Instanz – Bewusstsein und Unterbewusstsein – in uns beherbergen, und diesem Wissen auch dadurch Rechnung tragen, indem wir lernen, uns ausschließlich nach den Spielregeln des Lebens zu richten; denn das sind die Spielregeln des Universums, und zwar schon seit Millionen von Jahren.
Würden Sie vielleicht Feuerzeugbenzin in den Tank Ihres Autos füllen, wenn dieser leer ist und Sie weiterfah-

ren wollen? Tausende geben tagtäglich immer nur Ängste, Befürchtungen und allen möglichen »Müll« an ihre unterbewusste Verwirklichungsebene weiter und wundern sich dann über negative Ergebnisse, verbunden mit der verdutzten Frage: »Warum musste ausgerechnet mir das passieren?«

## Vergessen Sie Ihre Vorurteile

Lassen Sie mich in diesem Zusammenhang auch das Folgende noch kurz ausführen: Um im Leben erfolgreich zu sein und um seine Träume realisieren beziehungsweise materialisieren zu können, muss man nicht zwangsläufig zum Esoteriker werden, man braucht weder Kerzen noch Räucherstäbchen, weder Meditationsmusik noch die Beherrschung des Lotussitzes. Sie müssen weder auf einem Nagelbett schlafen noch über glühende Kohlen laufen können.

Ich erwähne dies deshalb, weil heute sehr viele Menschen glauben, derartige Rituale wären unausweichlich, um Erfolg zu haben. Ich sage Ihnen das eine: Wenn der eingefleischteste Tippelbruder Deutschlands eines Tages verstehen lernt, dass er aus seinem Milieu wieder aussteigen kann, indem er sich geistig dazu entschließt und ständig daran arbeitet, dann wird er zweifelsohne langfristig damit auch Erfolg haben.

Mit »langfristig« meine ich nicht innerhalb von sechs oder zwölf Wochen, damit meine ich zwei, drei oder fünf Jahre. Ich kenne Menschen, die täglich 60 Minuten und länger meditieren, vor lauter Räucherstäbchen kaum noch zu sehen, aber trotzdem pleite, krank und erfolglos sind. Wenn Sie der Meinung sind, Sie müssten sich während Ihrer geistigen Arbeit mit derartigen Accessoires umgeben, dann tun Sie es bitte. Erwarten Sie aber nicht, dass Sie damit unbedingt größere Erfolge erzielen. Gerade die Flower-Power-Bewegung der sechziger Jahre und die Zeitungsberichte über alle möglichen Sekten und Gurus sind heute immer noch dafür verantwortlich, dass alles, was mit geistiger Arbeit zusammenhängt, automatisch mit Sekten und deren Leitfiguren in Verbindung gebracht wird.

## Das »Kaufhaus des Universums« liefert alles, was wir wollen

Wie dumm das aber ist, kann man mit Worten gar nicht sagen. Man stempelt ja auch nicht einen modern angezogenen jungen Mann zum Neonazi ab, nur weil er einen braunen Anzug trägt. Leben Sie Ihr Leben, aber begreifen Sie, dass das Leben Ihnen immer nur das geben kann, was Sie im großen Kaufhaus des Universums per Gedankenkraft bestellt haben und mit Ihrer Handarbeit ins Tun gebracht haben.
Lernen Sie verstehen, dass ein physischer Samen wie zum Beispiel eine Eichel (die ja in sich schon die vollkommene Eiche beherbergt) und ein geistiger Samen wie beispielsweise eine Idee oder ein inneres geistiges Bild energetisch ein und dasselbe sind. Natürlich müssen Sie sich in der Folge dann auch persönlich verändern, Sie müssen vor allem aufhören zu manipulieren, zu lügen, zu betrügen und zu tricksen, denn die geistigen Gesetze haben nun mal in jeder Sekunde des Lebens Gültigkeit. Man kann sie auch nicht kurzfristig ausschalten, um schnell unbemerkt ein paar egoistische

Zwecke damit zu verfolgen. All dies ist aber der wahre Grund, warum Millionen Menschen auf der Welt am konstruktiven beziehungsweise positiven Denken scheitern – weil sie einfach nicht begreifen, dass wirklich jeder, ich betone jeder Gedanke eine Verwirklichungsmechanik in sich trägt und man die geistigen Gesetzmäßigkeiten niemals manipulieren kann. Nur wer wirklich aufbauende, positive Gedanken hegt und pflegt, wer aufrichtig und ehrlich ist, wer seine Mitmenschen lieben lernt und ihnen ihre Fehler auch zugestehen und verzeihen kann, weil er ein verständnisvolleres Denken erlernt hat, wird langfristig auch mit der Ernte zufrieden sein, deren Saat er auf dem Acker seines Bewusstseins ausgebracht hat.
Alles wächst nun einmal nach seiner Art und zu seiner Zeit, und so wächst auch Ihr Vorstellungsbild dessen, was Sie wirklich wollen, heran, vorausgesetzt, Sie halten beständig daran fest.

## Theorien allein sind ungenügend

Ich hatte schon mit vielen Menschen zu tun, die übers Jahr gesehen ein Seminar nach dem anderen besuchten, zig Bücher verschlangen und trotzdem ihre Telefonrechnung nicht bezahlen konnten. Wer in der Theorie hängen bleibt, wer nicht begreift, dass es sich hier um eine ganz praxisbezogene persönliche Umprogrammierung der eigenen Denkweise handelt, der konkrete Handlungen und Entscheidungen folgen müssen; wer diese Arbeit nicht permanent und unbeirrt fortsetzt, der bleibt ewig der Spielball des Massenbewusstseins. Wer dagegen mit seinem Unterbewusstsein gezielt arbeitet, der erkennt, dass diese unendliche Intelligenz entweder ein Diener und guter Freund oder aber ein unerbittlicher Gegner und Feind sein kann.

Wozu wir unser Unterbewusstsein nämlich machen, zu unserem Freund oder Feind, das ist letztendlich allein unsere ureigene Wahl. Begreifen Sie also, dass es nur um Sie geht. Sie allein sind der wichtigste Mensch in Ihrem Universum; auch und gerade für Sie habe ich dieses Buch geschrieben, damit auch Sie von dem verrückten Glauben wegkommen, Ihr Leben sei ausschließlich von Zufällen und unvorhersehbaren Launen der Natur abhängig. Ist es nicht ein wunderbares Gefühl zu wissen, dass nur Sie allein die freie Wahl haben, wie Sie leben möchten? Ich persönlich fand das sehr faszinierend, und deshalb arbeite ich schon seit fast 25 Jahren mit den verschiedensten Techniken des konstruktiven Denkens.

# 5. Kapitel

- Wolfgang G. berichtet
- Das Lesen allein war es nicht
- Giftige Dämpfe
- Die Antwort
- Sie konnte loslassen
- Die Analyse
- Ein weiterer Brief
- Das Wunder
- Mein Glaube hat mir geholfen

# Positive Geschichten

Im Verlauf dieses Buches werde ich Sie des öfteren mit Beispielen und Geschichten von Menschen, so wie Sie und ich es sind, konfrontieren; sie alle ließen mir in den letzten Jahren Briefe zukommen, in denen sie mir ihren jeweils ganz persönlichen »Fall« schilderten. Beispiele, die Ihnen aufzeigen und spiegeln sollen, welche Ergebnisse die Arbeit mit dem konstruktiven Denken, mit Gedankenkontrolle und Disziplin bringen können, wenn man sie beherzigt. Es klingt darin aber auch an, dass Erkenntnisse und Resultate, egal in welchem Lebensbereich, mutig erarbeitet und erkämpft werden müssen und man, wie immer im Leben, nur Schritt für Schritt weiterkommt.

Speziell im Bereich der Finanzen sind sehr viele Menschen von Kindheit an so sehr auf »Mangeldenken« programmiert, dass gerade dort die Fortschritte oft etwas länger auf sich warten lassen als die berühmten drei Monate, auch wenn Ihnen dies viele Motivationstrainer gerne anders darstellen und verkaufen. Verstehen Sie mich bitte richtig, ich habe nichts gegen Motivation, denn ohne Begeisterung und Enthusiasmus geht nun einmal gar nichts. Wenn Sie all die Porsches, Ferraris und BMWs, die heute auf Wechseln statt auf Rädern laufen, sowie die Einkommensteuerbescheide so genannter »Erfolgsmenschen« unter die Lupe nehmen könnten, dann würden Sie sehr schnell feststellen, dass bei weitem nicht alles Gold ist, was so verführerisch glänzt. Die Botschaft lautet zwar: »Du kannst alles, wenn du nur willst«, und das ist natürlich auch richtig, aber jeder Mensch ist nun einmal ein Individuum und muss betreut, geführt, angeleitet, unterstützt, von Ängsten befreit und vertrauensvoll an die Hand genommen werden, um langfristig erfolgreich am Ball bleiben zu können.

Ich bin übrigens davon überzeugt, dass große Motivationsseminare bei ein bis drei Prozent der anwesenden Teilnehmer einschlagen wie eine Bombe und diese von Stund an Erfolg an Erfolg reihen können. Aber die restlichen 97 bis 99 Prozent stehen bereits 24 Stunden später wieder im berühmten »Wald«, weil eben bei ihnen zuerst einmal unterbewusste Sperren gelöst und beseitigt werden müssten, damit sie die gegebenen Motivationsbotschaften überhaupt im Unterbewusstsein verankern und später im Leben umsetzen könnten.

So gesehen kann positives Denken – wenn man keine Ergebnisse bekommt – im Endeffekt krank und depressiv machen, denn die Teilnehmer wissen ja nicht, dass nicht das Prinzip selbst falsch ist, sondern dass zuerst an ihrer individuellen seelischen Gesamtsituation gearbeitet werden muss, und zwar mit Hilfe von Fachleuten wie Psychotherapeuten und Mentaltrainer.

## Wolfgang G. berichtet

Bitte beachten Sie also diese sehr wichtigen Zusammenhänge, wenn Sie einerseits über die Erfolge meiner Leser, andererseits aber auch von noch vorhandenen Defiziten in deren Leben lesen.

Hier also die erste Geschichte, die mir einer meiner Leser aus Österreich schrieb, den wir Wolfgang G. nennen wollen.

»Eigentlich muss ich zugeben, dass ich mit dem Begriff ›Positives Denken‹ zwar schon vor etlichen Jahren in Berührung kam, mir aber bei Aussagen wie ›Wenn das nicht geschieht, was wir wollen, dann geschieht eben das, was für uns besser ist‹ einfach die Haare zu Berge standen. In dieser Zeit hatte ich immer wieder kleine, aber auch größere Rückschläge in Bezug auf Gesundheit, Glück, Geld und Persönlichkeit hinnehmen müssen. Bis zu diesem Septembernachmittag 1995, an dem ich einen schweren Motorradunfall hatte und mit der Maschine eines guten Freundes einen Totalschaden erlitt. Mir war Gott sei Dank selbst wie durch einen ›Zufall‹ außer ein paar Hautabschürfungen und einer kleinen Schnittwunde am Oberschenkel so gut wie nichts passiert. Ich, 33 Jahre, verheiratet, zwei Kinder, mit einem eigenen Haus, hatte also eine ganz gehörige Lektion übergebraten bekommen.

Als mich nach dem Krankenstand dann mein Chef in der Firma sah – ich bin Versicherungsangestellter bei einem großen Konzern im Außendienst –, wusste er sofort, dass ich große Probleme hatte, und er wollte mir unbedingt helfen (er ist selbst überzeugter Anhänger des positiven Denkens). Ein Buch von W. Clement Stone, ›Der unfehlbare Weg zum Erfolg‹, war dann der erste Schritt, der mein künftiges Leben verändern sollte. Durch dieses Buch fand ich auch mehr und mehr die Kraft, mich von einem eher mittelmäßigen Durchschnittsverkäufer unter die besten 70 Versicherungsagenten in Österreich emporzuarbeiten, gut zu verdienen, meine restlichen Schulden zu bezahlen und nebenbei auch noch eine Reise nach Südafrika als Dank für die hervorragenden Leistungen von meiner Firma entgegennehmen zu dürfen.

## Das Lesen allein war es nicht

Wie Sie bestimmt schon erahnt haben, würde dies alles allein durch das Lesen des Buches von W. Clement Stone und ganz ohne eigenes Zutun nicht so funktioniert haben, aber, von diesem Thema fasziniert, hatte ich in der Zwischenzeit natürlich auch Seminare besucht und viele andere Bücher und Autoren konsumiert. Von da an lebte ich dann ganz bewusst in einer sehr engen Partnerschaft mit meinem Unterbewusstsein. Jeden Tag programmierte ich so per Imagination und Affirmation Schutz, Gesundheit, Wohlstand und natürlich auch ein neues Auto. Ich bin mir ziemlich sicher, dass diese Arbeit letztendlich der entscheidende Grund dafür war, dass ich heute überhaupt noch am Leben bin und Ihnen diesen Brief schreiben kann. Wie ich zu dieser Aussage komme, erfahren Sie im Folgenden.

## Giftige Dämpfe

Am 24. 12. 1996 feierten meine gesamte Familie und ich ein wunderschönes und besinnliches Weihnachtsfest.

Dieser Tag wird bei uns hier in Österreich auch immer dazu benutzt, um von guten Freunden das Bethlehem-Licht abzuholen (eine Kerze, die in Bethlehem entzündet wurde und um die ganze Welt geht). Um etwa 23.00 Uhr gingen wir dann alle zu Bett. Meine Kinder im Erdgeschoss und meine Frau und ich in unsere bereits teilweise ausgebaute Mansarde.
Plötzlich wurden wir durch ein lautes Schreien und Klopfen aus dem Schlaf gerissen; es war unser achtjähriger Sohn Peter, der ohne etwas zu sehen – alles war durch dicksten Rauch vernebelt – die Treppenstufen heraufpolterte und versuchte, uns zu wecken. Obwohl ich ihn schon einige Zeit im Halbschlaf wahrnahm, konnte ich meine Augen nicht gleich öffnen und aufstehen, denn ich war aufgrund der aufregenden Tage zuvor sehr, sehr müde. Erst als meine Frau Evelyn ruckartig aufsprang, schaffte auch ich es zu erwachen. Nachher stellte sich heraus, dass die Kerze, an der wir das heilige Licht entzündet hatten, einen Materialfehler hatte, das Kerzenwachs deshalb herausrinnen und die darunter stehende Stereoanlage entzünden konnte.
Nachdem der erste Schock überwunden war, wurde uns bewusst, dass wir ohne die permanente Arbeit mit unserem Unterbewusstsein diese Nacht mit ziemlicher Sicherheit nicht überlebt hätten. Nach Meinung von Feuerwehrleuten und Gendarmerie mussten wir der starken Rauchentwicklung schon seit Stunden ausgeliefert sein und hätten demnach wesentlich mehr Atembeschwerden haben müssen, als dies in Wirklichkeit der Fall war. Die Ursache, Herr Kummer, waren Ihre Bücher, die Wirkung war mein Sohn Peter, der von seinem Unterbewusstsein allem Anschein nach den Auftrag erhielt, wach zu werden und Alarm zu schlagen.

Seither gibt es in unserem Leben eigentlich keine wirklichen Probleme mehr. Wenn einmal eine kleine Gesundheitsstörung oder ein familiäres Problem anliegt, so weiß ich, dass irgendeine von mir oder von uns gesetzte Ursache dafür verantwortlich zeichnen muss, und beginne deshalb sogleich nach Lösungen zu forschen.

Wenn es Ihnen irgendwie möglich ist, hätte ich eine für mich noch sehr wichtige Frage zu stellen, die ich auch mit Hilfe meines Unterbewusstseins noch nicht beantworten konnte. Warum habe ich, seitdem ich bemüht bin, positiv und konstruktiv zu denken, Probleme mit meinen Nachbarn zur Linken und zur Rechten und, was mir besonders nahe geht, seit kurzem auch mit meinen Eltern? Obwohl ich bereits nach Ihrer Methode alle beteiligten Personen gesegnet und wirklich ohne jedes Hassgefühl an sie denken kann, ist mir noch keine Lösung ins Bewusstsein gekommen.

Dies bezieht sich auch auf die schon über ein Jahr andauernden Imaginationen und Bejahungen bezüglich mehr Wohlstand. Ich verlange ja nicht, dass mir alles in den Schoß fallen soll, und ich würde jede Art von Tätigkeit verrichten, sobald sie nach Ansicht meines Unterbewusstseins die richtige für mich wäre.

Vielleicht besteht für Sie ja die Möglichkeit, mir eine Antwort auf diese Frage zu geben.«

## Die Antwort

Soweit also der Brief von Wolfgang G. Warum hat einerseits die Schutzfunktion durch das Unterbewusstsein bei ihm ganz hervorragend gegriffen, die finanzielle Seite sich aber immer noch nicht wesentlich verbessert, obwohl er doch täglich in beide Richtungen arbeitete?

Ganz einfach, das Erste konnte er bejahen und loslassen und das Zweite eben nicht, und genau deshalb kommt es zu so unterschiedlichen Ergebnissen. Als er Schutz für sich und seine Familie bejahte, konnte er dies ohne weiteres tun, akzeptieren und loslassen. Bei den Finanzen hingegen war es ganz anders. Hier löste er ständig das zuvor Bejahte im Laufe des Tages selbst wieder durch negative Statements auf und machte es dadurch völlig unwirksam. Dies tat er unter anderem durch Sorgegedanken wie: »Das Geld reicht diese Woche wieder nicht!«, »Wir müssen uns einschränken«, »Warum habe ich diesen Monat nicht so viel Erfolg gehabt?«, »Was kann ich nächsten Monat tun, um noch mehr Geld zu verdienen?«

Das konstruktive Denken funktioniert eben immer dort am besten, wo nicht unsere »weltliche Achillesferse« davon betroffen ist. Genau aber das gilt es zu verändern. Deshalb hat ein erfolgsarmer Mensch immer große Schwierigkeiten, erfolgreich zu werden, weil er mit seinen tagtäglichen Mangelgedanken seine positive geistige Arbeit immer wieder neutralisiert und unwirksam macht. Ein Kranker beispielsweise hat deshalb Probleme gesund zu werden, weil er sich immer und immer wieder mit seiner Krankheit und den um sie kreisenden Gedanken beschäftigt. Wäre es anders, müsste man sicherlich keine Bücher zu diesem Thema schreiben – denn genau dort erfolgreich zu sein, wo der Schuh drückt, das muss man wirklich permanent lernen und sehr ernsthaft üben. Es ist also eine Kunst, auf der einen Seite Erfolg zu bejahen und auf der anderen Seite täglich in seinen Äußerungen nicht gegen diese Suggestionen zu verstoßen. Genau diese Kunst zu erlernen und auch zu beherrschen, darum geht es in Wirklichkeit. Auf den Punkt gebracht kann man sagen: Wer täglich 20 Minuten positiv an sich arbeitet und danach 23 Stunden und 40 Minuten wieder in Angst und in Angstdenken verfällt, der muss eben so lange üben, bis er es in den Griff bekommt.

## Sie konnte loslassen

Ein ähnliches Beispiel haben wir im nächsten Brief, den mir eine junge Frau schrieb und deren Wunsch nur deshalb in Erfüllung gehen konnte, weil sie in der Lage war, ihn nach der »Behandlung« auch loszulassen und ihn nicht täglich durch gegenteilige Befürchtungen zu entwerten. Lassen Sie uns diese junge Frau Michaela nennen und uns ansehen, wie sie ein persönliches Problem positiv löste.

»Im November 1992 trat ich meine Stelle als leitende Angestellte mit Steuerberatertitel an. Da mich die Ausbildung zur Steuerberaterin eine fünfstellige Summe gekostet hatte – noch dazu waren wir umgezogen –, sah es Ende 1992 finanziell alles andere als rosig für mich aus. Trotzdem begann ich zu diesem Zeitpunkt, mit Hilfe meiner Bank mein eigenes Büro einzurichten und mich neben meiner Angestelltentätigkeit selbstständig zu machen. Im Laufe des Jahres 1993 wurde mir dann klar, dass ich dringend ein neues Auto benötigte, weil mein zwischenzeitlich achtjähriger Golf den Geist langsam aufzugeben drohte. Zudem sollte es künftig ein etwas größeres Auto sein.

Obwohl ich keine Ahnung hatte, wie ich nun auch

noch ein neues Auto bezahlen sollte, stellte ich mir geistig immer wieder vor, wie ich einen 3er BMW fahre. Dieses Modell gefiel mir zu diesem Zeitpunkt besonders gut, und ich schaute deshalb auch all diesen Modellen nach, wenn sie im Laufe des Tages an mir vorüber fuhren. Zu dieser Zeit las ich sehr viel Literatur über positives Denken und arbeitete auch täglich sehr intensiv damit. Auf diese Weise fiel mir dann das Buch »Nichts ist unmöglich« in die Hände und ich hielt von da an unbeirrt an dem Gedanken fest, bald ein neues Auto zu fahren. Dies erreichte ich letztendlich unter anderem auch dadurch, dass ich abends vor dem Einschlafen imaginär bereits in mein neues Auto einstieg und mit ihm in meiner Wachtraumfantasie spazieren fuhr. Ich sah diese Wunschbilder deutlich vor meinem geistigen Auge und ließ auch in den kommenden Monaten weder am Tag noch in der Nacht in dieser Bemühung nach.

Im Oktober 1993 stand dann die erste Gehaltserhöhung an. Nachdem ich meine Forderung ausgesprochen hatte, bekam ich ein ganz fantastisches Angebot von meinem Chef, und da er mitbekommen hatte, dass ich mich nach einem neuen Auto umsah beziehungsweise bei der Bank zwecks Finanzierung vorgesprochen hatte, meinte er: ›Ich biete Ihnen einen BMW 318 als Geschäftswagen an. Das sind Sie mir wert!‹

Es erübrigt sich fast zu sagen, dass ich das Angebot natürlich mit Freude annahm. Wir gingen sofort gemeinsam zum BMW-Händler und dort durfte ich mir dann die Farbe und die Ausstattung – bis zu einem bestimmten Limit natürlich – selbst aussuchen. Am 03. 01. 1994 stand dann mein roter BMW 318 tatsächlich vor meiner Haustür. Jeden Tag, wenn ich einsteige, erfreue ich mich an dem Fahrzeug, auch wenn es mir nicht selbst gehört. Besonders die Extras, wie elektrische Fensterheber und Klimaanlage, machen mir sehr viel Spaß. Heute weiß ich: Auch wenn ich das Fahrzeug eines Tages wieder zurückgeben muss, bekomme ich bestimmt sehr schnell wieder ein anderes Auto meiner Wahl, denn mein Unterbewusstsein stellt mir immer zum richtigen Zeitpunkt das Richtige zur Verfügung, vorausgesetzt, dass ich es dementsprechend programmiere.«

## Die Analyse

In diesem Fall können wir also konstatieren, dass Michaela aufgrund ihrer finanziellen Situation, die ziemlich angespannt war, nicht wusste, wie sie zu einem neuen Auto kommen sollte. Deshalb war sie auch in der Lage, völlig ohne Druck und ohne sich über Gebühr verrückt zu machen, einfach kontinuierlich und intensiv von einem neuen Auto zu träumen, und, was noch viel wichtiger ist, den Wunsch danach auch wieder loszulassen und so seiner Verwirklichung entgegenzubringen.
Merke: Wenn Sie sich etwas wünschen, egal was immer es ist, müssen Sie es nach der geistigen Behandlung auch wieder loslassen, damit sich die Dinge auf dem »Bildschirm des Raumes« entwickeln können. Wenn Sie dies beispielsweise im Falle von permanentem Geldmangel nicht tun, dann werden Sie sich mit Sicherheit noch einige Zeit im Kreis drehen, und zwar so lange, bis Sie es gelernt haben. So und nicht anders funktionieren die geistigen Gesetze.

## Ein weiterer Brief

Zum Schluss dieser Trilogie von Leserbriefen möchte ich Sie mit einem Brief konfrontieren, der auf eine ganz andere Art und Weise bezeugt, wie unheimlich wichtig es ist, konstruktiv mit dem Unterbewusstsein zu arbeiten. Er belegt, dass auch hier zuerst der Wunsch nach Erfüllung losgelassen werden musste, bevor er sich auf dem »Bildschirm des Raumes« erfüllen konnte.
Den Verfasser dieses Schreibens nenne ich Karl-Heinz K.
»Vor 20 Jahren fiel mir in einer Bahnhofsbuchhandlung beim Vorbeigehen ein Buch über das positive Denken auf, das ich mir kurzerhand kaufte und mit dem ich von da an intensiv arbeitete. Ein paar Jahre danach erfüllte ich mir einen langgehegten persönlichen Wunsch und kaufte mir eine Fotoausrüstung mit Zusatzobjektiven zum Wechseln, worauf ich damals ganz besonders stolz war. Eines Tages nahm ich sie mit auf ein klassisches Open-Air-Konzert zu Ehren Anton Bruckners, welches jedes Jahr in der Nähe meiner Heimatstadt stattfindet. Diese Veranstaltung wird immer abends durchgeführt, und diesmal fand unter anderem auch eine große Lasershow statt. Damit ich während dieser Show auch optimal fotografieren konnte, wechselte ich mehrmals die Objektive, als ich plötzlich zu meiner großen Bestürzung feststellte, dass mir dabei eines dieser Objektive aus der Tasche gefallen und somit, wie zu befürchten war, irgendwo in der Dunkelheit des Parks und unter Tausenden von Menschen unauffindbar verloren gegangen war. Verzweifelt kniete ich kurz nieder, um den Platz um mich herum abzutasten, was natürlich nichts brachte.

## Das Wunder

In mir machte sich natürlich sofort das schmerzliche Gefühl dieses Verlustes breit, und ich sah mich geistig schon im Fotogeschäft, wie ich das Geld für ein neues Objektiv hinlegte, als sich auf einmal ein ganz anderes Gefühl aus meinem Unterbewusstsein meldete. Plötzlich hasste ich die Überlegung, ein neues Objektiv kaufen zu müssen, und ich war einfach nicht mehr bereit, so mir nichts dir nichts diesen Verlust zu akzeptieren. Ich stand einige Zeit fast völlig unbeweglich und abwesend da und wollte das eben verlorene Objektiv dadurch herbeizwingen, dass ich den Verlust einfach nicht anerkannte. Dies war also meine Einstellung zu diesem Thema, bevor ich mich auf einem Baumstamm niederließ, um das Geschehene im Bewusstsein etwas verdauen zu können. Einige Minuten später drehte ich mich um und ging im Dunkel etwa zehn bis zwölf Schritte in Richtung Straße, als plötzlich mein Fuß gegen einen Gegenstand stieß. Ich bückte mich, und Sie werden es nun glauben oder nicht: Ich hatte das verlorene Objektiv in der Hand! Sie können sich sicher meine Freude darüber vorstellen.

Im Nachhinein wurde mir sehr schnell klar, dass mein letzter, fest akzeptierter Gedanke, den ich nicht im Kopf behielt, sondern sofort loslassen konnte, der war: Ich werde diesen Verlust nicht akzeptieren! Diese Botschaft ging also in mein Unterbewusstsein hinein, noch bevor mein Verstand mir befahl, mich hinzusetzen und mich endgültig mit der Situation abzufinden. Es ist immer der dominierende letzte Gedanke im Unterbewusstsein, der uns in unserem Leben weiterhelfen kann, wenn wir um die geistigen Gesetzmäßigkeiten wissen, und des-

halb ist mir auch völlig klar, dass ich unter diesen Umständen ganz einfach zu diesem Objektiv geführt werden musste.
Soweit also meine Geschichte. Sie lässt mich erkennen, dass noch ganz andere Dinge für mich möglich sind, wenn ich mich geistig richtig konditioniere.«

## Mein Glaube hat mir geholfen

In der Zeitschrift »Leib und Seele« las ich vor einiger Zeit folgenden Artikel: »Ärzte gaben Eva-Maria Sanders, 39, noch sechs Wochen zu leben. Allen Diagnosen zum Trotz besiegte sie den Krebs. Uns erzählte sie, wie sie den Weg zur Selbstheilung fand und den Krieg gegen sich selbst beendet hatte. Es geschah Unfassbares: Der Primärtumor in der Brust bildete sich zurück, die Krebszellen verschwanden, die Tumormarker (spezielle Blutwerte, die Anhaltspunkte für die Aktivität des Tumors gaben) nahmen die Werte eines völlig gesunden Menschen an. Die sechs Wochen, die ihr die Ärzte gaben, waren längst verstrichen. Nach acht Monaten war Sanders geheilt – nicht durch Mediziner, sondern durch ihren Glauben an Gott und sich selbst.
Die Wissenschaft, so Sanders, wertet solche Spontanremissionen als absolute Ausnahmefälle. Ich sehe dies anders: Ich bin nicht stärker oder dümmer oder reicher als jeder andere Mensch in diesem Land auch. Jeder kann das; man muss nur seine Ressourcen finden und diese Kraft mobilisieren. Ich glaube, dass wir noch weit davon entfernt sind, das Mysterium Mensch zu begreifen, weit davon, die Dimensionen zu begreifen, die außerhalb der Naturwissenschaften liegen. Ihr Rat an

Menschen in ähnlicher Situation: Als Erstes distanziert euch von den Ärzten. Ich habe keine Aversion gegen Ärzte. Ich kann mir sehr gut den Rat der Ärzte holen, aber ich trage letztendlich die Verantwortung für mich, nicht sie. Das Zweite ist, dass ich bei mir und im Augenblick bleiben muss, nicht in der Zukunft, von der der Arzt mir sagt, in sechs Wochen oder zwei Jahren ist alles vorbei. Deshalb ist es ganz wichtig, sich von den Beurteilungen und Meinungen anderer zu lösen. Das Dritte ist das Wissen, dass alles möglich ist. Man muss nur daran glauben.«

Vielleicht sollte man die Bibel doch mehr wörtlich nehmen: »Bei Gott ist nichts unmöglich«, heißt es bei Lukas. Eva-Maria Sanders glaubt freilich, »dass Gott einem nur dann hilft, wenn man sich selbst hilft«, und sie verweist dabei auf die Wunderheilungen im Evangelium. Wie gesagt: »Jesus sagte nie: ›Ich habe dich geheilt‹, er sagte immer nur: ›Dein Glaube hat dir geholfen.‹«
Ich denke, Sie sollten vielleicht genau jetzt das Buch einmal ganz kurz zur Seite legen, um das bisher Gelesene ein paar Minuten lang tief in sich hineinsinken und verdauen zu lassen, quasi als kleine Vorbereitung, bevor wir im nächsten Kapitel uns damit befassen, wie man sein Unterbewusstsein langfristig, positiv und erfolgsorientiert programmieren kann.

# 6. Kapitel

- Die meisten Menschen irren ziellos im Leben umher
- Der Weg ist das Ziel
- Ihr ganz persönlicher Fahrplan
- Das Sieben-Minuten-Erfolgsprogramm
- Die Erstellung eines Zielplanes
- Seien Sie flexibel
- Lassen Sie sich Zeit – aber nicht zu lange
- Mein Zielplan (Musterbeispiel)
- Wie erstelle ich meinen eigenen Zielplan?
- Fehler passieren

# Erster Schritt: Der Zielplan

In meinen diversen Seminaren staune ich immer wieder darüber, wie ziellos viele Menschen durch ihr Leben »stolpern«, frei nach dem Motto: »Wir haben zwar keine Ahnung, was wir wollen, aber das mit unserer ganzen Kraft.«
Selbst jahrelange Anhänger des konstruktiven Denkens, die mir zuvor allerlei Komplimente meiner Bücher wegen machen und nach eigenen Angaben angeblich schon seit Jahren positiv mit dem Unterbewusstsein arbeiten, schauen mich höchst irritiert an und beginnen hilflos herumzustottern, wenn ich sie gezielt frage, was eigentlich ihr ganz persönliches Ziel im Leben sei. Dies zeigt mir immer wieder, wie ängstlich und unentschlossen die meisten Menschen heutzutage doch sind. Um ein Bild zu benutzen: Sie treiben wie ein Schiff auf dem Ozean ohne Kompass, Ruder und Motor, schimpfen aber wie die Rohrspatzen und beschweren sich vehement darüber, dass sie in keinen sicheren Hafen kommen. Jeder Windstoß wirft sie aus der Bahn, verändert ihren Kurs, und so schlingern sie hilflos und verzweifelt im Ozean des Lebens umher und fragen sich, warum andere mit einem klaren Ziel,

Kompass, Außenborder und einem stabilen Ruder mühelos an ihnen vorbeiziehen.

## Die meisten Menschen irren ziellos im Leben umher

Wissenschaftler haben in diesem Zusammenhang Folgendes festgestellt:
1. Von 100 Personen haben ganze drei Prozent ein klares Ziel schriftlich fixiert in der Schublade; diese drei Prozent erreichen allesamt ihr Ziel und zwar deshalb, weil es klar definiert und schriftlich festgehalten ist.
2. 30 Prozent von 100 Personen haben ihr Ziel zwar nicht schriftlich fixiert, aber zumindest klar definiert im Kopf. Davon erreichen es immerhin noch 70 Prozent.
3. Der Rest, also das Gros der Menschen, sprich etwa zwei Drittel, hat schlicht und ergreifend kein festes Ziel, glaubt an Zufälle und wartet ein Leben lang auf ein Wunder wie zum Beispiel den berühmten Lottogewinn. Ihr Lebensmotto lautet: Ich weiß zwar nicht wo es hingeht, aber ich werde mich trotzdem beeilen!
Ich erinnere mich noch gut, vor über 30 Jahren lachten wir herzlich darüber, wenn ein junges Mädchen nach dem ersten Kuss auf dem Schulhof oder in einem Gebüsch fast panisch vor Sorge einen ihr vertrauten Erwachsenen fragte, ob sie davon schwanger werden könnte. Im täglichen Leben verhalten sich aber mehr als 75 Prozent von 80 Millionen Deutschen ebenso naiv. Sie setzen sich – um bei unserem vorherigen Bild zu

bleiben – bei Flut in eine Nuss-Schale, ohne Ruder, Steuer und Motor und beschimpfen von dem Moment an, wo sie sich vom Ufer abgestoßen haben, pausenlos den Wind und das Meer, weil beide sie nicht ins gelobte Land tragen.

Lassen Sie mich versuchen, die zuvor genannten wissenschaftliche Zahlen anhand eines ganz einfachen Beispieles vielleicht noch etwas verständlicher zu machen.

Stellen Sie sich am besten einmal vor, 100 Menschen aus allen Teilen Deutschlands fahren mit dem Zug nach Stuttgart, weil dort im Stadtteil Gablenberg in der Pflasteräckerstraße 13 bei der Familie Huber um Punkt 20 Uhr ein großes Sommernachtsfest steigen soll. In Stuttgart angekommen, steuern nun drei Prozent, also drei Personen, zielsicher ein Taxi an, steigen ein, nennen dem Fahrer die genaue Adresse und sind zehn Minuten später vor Ort.

Zehnmal so viel, nämlich 30 Personen, die weder die Straße noch die genaue Hausnummer der Familie Huber kennen, steigen ebenfalls in ein Taxi ein und sagen dann zum Fahrer: »Bitte fahren Sie uns nach Stuttgart-Gablenberg.« Dort steigen sie dann irgendwo in der Gablenberger Hauptstraße aus und fragen sich so lange durch, bis ihnen endlich jemand begegnet, der die Familie Huber kennt und ihnen den Weg in die Pflasteräckerstraße 13 zeigen kann. Inzwischen können gut ein bis zwei Stunden vergangen sein, aber immerhin schaffen 70 Prozent von diesen 30 Prozent, also immerhin 21 Personen, noch rechtzeitig zum Fest zu kommen. 9 davon geben dagegen resigniert auf und fahren wieder frustriert nach Hause zurück.

Der Rest (drei plus 21 Personen kamen an, 9 Personen

fuhren wieder nach Hause), immerhin 67 Prozent, also ziemlich genau zwei Drittel irren ziellos und ohne die geringste Chance, jemals die Pflasteräckerstraße 13 zu finden, solange durch Stuttgart, bis sie müde sind und ihnen nichts anderes mehr bleibt, als völlig frustriert wieder nach Hause zu fahren.
Na prima!

## Der Weg ist das Ziel

Als ich mir im August 1976 mein erstes Lebenshilfebuch kaufte, da konnte man in einer Buchhandlung zwischen etwa zehn Autoren und circa 25 Buchtiteln wählen. Dr. Joseph Murphy, Norman Vincent Peale, Dale Carnegie und Erhard F. Freitag waren damals wohl die bekanntesten und meistgelesenen Autoren. Heute, 24 Jahre danach, hat sich das Angebot nahezu verhundertfacht.
Was, glauben Sie wohl, könnte der Grund dafür sein? Weil all diese Techniken und Gesetzmäßigkeiten »Humbug« sind, nicht funktionieren und Millionen Leser und Anwender einfach einfältige »Trottel« sind – oder weil immer mehr Menschen äußerst positive Erfahrungen damit machen und erfreuliche Ergebnisse erzielen, indem sie lernen, ihren Intellekt mit konstruktivem Denken, Glauben, Mut, Ehrgeiz und Selbstvertrauen zu paaren und dadurch den Weg in ein besseres und glücklicheres Leben finden? Die Beantwortung dieser Frage überlasse ich Ihnen am besten selbst. Erfolgreiche Menschen weltweit hatten immer schon klar umrissene Träume, Vorstellungen und Ziele, und sie haben diese auch eisern entschlossen und sehr hartnäckig so lange verfolgt, bis sie eines Tages endlich Wirklichkeit wur-

den, und zwar ohne sich von irgendwelchen Querschlägern und Schwierigkeiten im Außen jemals wirklich aufhalten zu lassen.

Letzteres schreibt sich zwar alles so leicht, ist aber in der täglichen Praxis eine immens schwierige Herausforderung.

Erfolgsarme Menschen hingegen meinen, nur darauf warten zu müssen, dass der Himmel ihnen ihre Ziele steckt und ihnen die Millionen eines Tages per Lkw vor die Haustür kippt.

## Ihr ganz persönlicher Fahrplan

Auf den nun folgenden Seiten, genauer in den nächsten drei Kapiteln, gebe ich Ihnen jetzt also ein konzentriertes und über viele Jahre getestetes Trainingsprogramm an die Hand, das Ihr Leben nach einigen Wochen schon sehr nachhaltig zum Positiven verändern kann, wenn, ja wenn Sie es wirklich täglich konsequent durchführen. Das Einzige, was Sie über diese zweimal sieben Minuten hinaus noch tun müssen, ist, einen ganz bestimmten Zielsatz, den Sie in Kapitel 7 formulieren und festzulegen lernen, täglich circa fünfzig- bis sechzigmal in unregelmäßigen Abständen zu wiederholen.

Dieser Zielsatz könnte beispielsweise lauten: »Ich bin jetzt erfolgreich, glücklich, gesund und voller Begeisterung!« Na, was meinen Sie, das klingt doch recht einfach? Im Grunde genommen ist es das auch, allerdings wird Ihr »innerer Schweinehund« sehr bald schon alle ihm zur Verfügung stehenden Register ziehen und Sie veranlassen, diese positive Arbeit nach wenigen Wochen wieder einzustellen. Er ist nämlich im Laufe der

Jahrzehnte mit so vielen Ängsten und Negativprogrammen gefüttert worden, dass er sich mit ihnen derartig identifiziert hat, ja gar nicht anders kann, als Ihnen und Ihrem neuen positiven Programm ständig Prügel zwischen die Beine zu werfen beziehungsweise Hürden und Hindernisse in den Weg zu stellen. Je nach dem, wie ausdauernd Sie sind und wie groß Ihr Durchhaltevermögen ist, wird es Ihnen aber peu à peu gelingen, ihn positiv umzuprogrammieren und auf Ihre Seite zu ziehen. Ist Ihnen dies einmal gelungen, so haben Sie gewonnen, allerdings auch erst dann.

## Das Sieben-Minuten-Erfolgsprogramm

So, nun ist es endlich so weit, ich stelle Ihnen jetzt im Folgenden die einzelnen Bausteine und Schritte unseres Sieben-Minuten-Erfolgsprogramms vor. Etabliert auf insgesamt drei Hauptsäulen und wegen seiner Einfachheit und Schlichtheit problemlos für jedermann umsetz- und anwendbar. Gleichwohl besitzt es aber auch eine Effektivität und Kraft, die seit Jahrtausenden ihresgleichen sucht. Große Erfinder, Künstler, Geschäftsleute, aber auch kranke, gedemütigte und frustrierte Menschen haben damit schon seit Generationen grandiose und großartige Ergebnisse erzielt.

## Die Erstellung eines Zielplanes

Lassen Sie uns zunächst mit dem so genannten Zielplan beginnen. Der Zielplan ist eine schriftliche Fixierung all Ihrer Träume, Wünsche und Vorstellungen, die Sie in

Ihrem Leben gerne verwirklichen wollen. Wie Sie ja zwischenzeitlich erfahren haben, ist der persönliche Zielplan deshalb so wichtig, weil Ihre gesamten positiven Energien dadurch gebündelt und auf einen einzigen zentralen Punkt, nämlich Ihr Ziel konzentriert werden. Wenn Sie an unser Beispiel mit dem Sommernachtsfest in Stuttgart-Gablenberg zurückdenken, so wissen Sie ja noch, dass es eben jene drei Prozent der angereisten Gäste waren, die einen klaren Zielplan in der Tasche hatten und deshalb am schnellsten und zielsichersten die Pflasteräckerstraße 13 ansteuern und erreichen konnten.

Vor einigen Jahren fand ich in einem Buch über Bruce Lee, den Karate-König Hollywoods, dessen eigenen, ganz persönlichen Zielplan, den er 1969 verfasst hatte und der knapp zehn Jahre danach in fast allen Punkten erfüllt war. Sein größter Wunsch war es gewesen, der bekannteste und bestbezahlte Superstar in den USA zu werden: Und er wurde es auch! Frei übersetzt hatte dieser Zielplan den folgenden Wortlaut:

**Mein persönliches Hauptziel**

*Ich, Bruce Lee, werde der erste höchstbezahlte asiatische Superstar in den Vereinigten Staaten sein. Als Gegenleistung werde ich die aufregendsten Vorstellungen geben und Höchstleistungen als Schauspieler vollbringen. Anfang 1970 werde ich Weltruhm erlangen und von da an bis Ende 1980 netto zehn Millionen Dollar besitzen. Ich werde so leben, wie es mir gefällt, und ich werde innere Harmonie und Glück erreichen.*

*Bruce Lee, Januar 1969*

Als ich diese Story einmal auf einem meiner Seminare erzählte, lehnte sich einer der Teilnehmer grinsend zurück und warf amüsiert die Bemerkung in die Runde, dass eben jener Bruce Lee einige Jahre danach überraschend gestorben sei. Ich fragte ihn damals, warum er denn hier und heute sitzen würde, denn nichts wäre doch sicherer, als dass auch er eines Tages sterben würde, und niemand könne ihm garantieren, dass dies nicht schon innerhalb der nächsten Minuten der Fall sei? Wichtig für Sie ist zu wissen, dass jeder, wirklich jeder erfolgreiche Mensch eine klare persönliche Zielplanung in der Tasche hat und dass sich auch Ihre Chancen, einmal zu den Erfolgreichen dieser Welt zu gehören, ganz gewaltig erhöhen, wenn Sie klar und deutlich formuliert und schriftlich festgelegt haben, wohin Sie wollen und vor allen Dingen auch, wann Sie dort anzukommen gedenken.

Erstellen Sie sich also zunächst diesen – Ihren persönlichen – Zielplan, der nicht länger als etwa eine DIN-A4-Seite sein sollte (seien Sie dabei aber nicht päpstlicher als der Papst), denn er muss ja später exakt in unser siebenminütiges Gesamtprogramm passen.

Gehen Sie dabei am besten genauso vor, wie ich es in dem Muster auf der Seite 111 getan habe.

Zuerst sollten Sie sich natürlich im Klaren darüber sein, was Sie überhaupt in Ihrem Leben erreichen wollen, welches Ziel Sie anstreben wollen. Sollten Sie für diese Entscheidung noch Zeit benötigen, dann nehmen Sie sich diese bitte; überprüfen Sie aber zuvor sehr genau, ob Sie sich selbst nicht nur Unentschlossenheit vorgaukeln, um nichts Konkretes festlegen und entscheiden zu müssen.

Merken Sie sich in diesem Zusammenhang: Jeder

Mensch fürchtet sich mehr oder weniger immer davor, Entscheidungen in seinem Leben zu treffen, und auch unser aller »innerer Schweinehund« ist ein ganz großer und listiger Verführer.

Wie groß die Furcht vor Entscheidungen ist, sehen Sie allein daran, dass diese Angst meist schon dann beginnt, wenn man lediglich ein paar Worte aufschreiben soll.

Beobachten Sie sich deshalb einmal selbst, wie Sie in dieser Situation reagieren. Sie haben dieses Buch gekauft, um zu erfahren, wie Sie von heute an besser vorankommen können, stimmt's? Was passiert aber genau jetzt in Ihrem Kopf, wenn Sie dies lesen? A: Sie schnalzen mit der Zunge, weil Sie endlich erfahren, wie Sie ganz konkret loslegen können, besorgen sich unverzüglich ein Blatt Papier und stürzen sich begeistert in die Zielplanung. B: Sie sagen sich, das mache ich später; zuerst werde ich das restliche Buch zu Ende lesen und dann auf den Zielplan zurückkommen. Oder C: Blödsinn, das brauche ich nicht, ich weiß ja, was ich will.

Sie sind mir sicher nicht allzu gram, wenn ich Ihnen jetzt sage, dass wirklich nur derjenige, der sich in diesem Augenblick ganz konsequent an die Möglichkeit A hält, auch weiterkommen wird im Leben. Also los, geben Sie sich einen Ruck! Allein dies wird Ihnen schon ein gutes Gefühl und eine Menge Zuversicht geben.

## Seien Sie flexibel

Natürlich können Sie auch nur ein einziges Ziel beschreiben – beispielsweise wenn Sie krank sind und nur den einen Wunsch haben, schnell wieder gesund zu werden, wenn Sie alleine sind und sich ausschließlich nach einem neuen Partner sehnen oder wenn Sie beispielsweise im Beruf unzufrieden sind und endlich Ihren Traumjob verwirklichen wollen. Lassen Sie mich an dieser Stelle auch noch kurz ein paar Worte zur zeitlichen Planung Ihrer Ziele verlieren, denn wie ich aus Hunderten von Briefen meiner Leser und aus Gesprächen mit vielen meiner Seminarteilnehmer weiß, ist genau dies ein Hauptproblem fast aller Menschen auf diesem Weg.

Zunächst einmal: Entscheiden Sie sich für irgendeinen Weg; wer dies nicht kann (»Ich kann nicht« heißt in Wirklichkeit »ich will nicht«), dem kann kein Trainer oder Autor der Welt wirklich helfen. Ohne sich für etwas zu entscheiden, geht nun mal nichts, aber auch gar nichts – und genau dort liegt auch der eigentliche Schlüssel zum Erfolg. Erfolge müssen mutig angepeilt und angegangen werden. Zauderer haben da kaum eine realistische Chance.

## Lassen Sie sich Zeit – aber nicht zu lange

Wenn Sie also nun Ihren Erfolg zu planen beginnen, dann vermeiden Sie einerseits, sich unter allzu großen Druck zu begeben, andererseits aber auch Ihre Ziele bis ins Jahr 2050 hinauszuschieben. Lesen Sie dazu nochmals den Zielplan von Bruce Lee durch, er ließ sich ganze elf Jahre Zeit, um der bekannteste asiatische Schauspieler Amerikas und zehnfacher Millionär zu werden. Er setzte sich damit weder zu sehr unter Druck, noch ließ er sich allzu viel Zeit. Zu sagen, in einem Jahr oder gar zwei Jahren bin ich Millionär, wenn man zur Zeit noch so genannte »Binnen-Briefe« bekommt (»Zahlen Sie binnen ...«) wäre absolut dumm, denn mit jedem Tag, an dem Sie sich Ihren Zielplan durchlesen, wird Ihre Mutlosigkeit zunehmen, und das Ganze ist völlig umsonst.

Auch der »Geldguru« Bodo Schäfer beispielsweise setzte sieben Jahre für die erste Million an. Also wären zehn Jahre, um von null auf zehn Millionen zu kommen, bei einem solchen Vorhaben als Zeitangabe durchaus angebracht.

## Mein Zielplan (Musterbeispiel)

*Als erstes und wichtigstes Ziel setze ich mir meine kontinuierliche positiv-geistige Weiterentwicklung, indem ich viel lese, mich mehrmals täglich an meine Ziele erinnere, sowie mein Suchtverhalten in Sachen Süßigkeiten, Fastfood und Alkohol durch Selbstdisziplin und Selbstkontrolle auflöse. Ich reduziere mein Körpergewicht dadurch bis zum 01. 04. 2001um 10 Kilogramm.*

*Ich nehme mir ab sofort jeden Abend mindestens eine Stunde Zeit für meine Familie, meine Kinder, um mir ihre Sorgen und Nöte ganz bewusst anzuhören und sie dadurch besser verstehen zu lernen. In dieser Zeit verspreche ich mir, den Fernsehapparat ausgeschaltet zu lassen.*

*Ich bin es mir wert, 50.000,- Mark pro Monat zu verdienen, meine unterbewusste Führung geleitet mich auf diesem Weg und wird mir alle Ressourcen, Talente und Fähigkeiten, alle Wege, Beziehungen und Verbindungen, die dazu notwendig sind, jetzt eröffnen.*

*Ich besitze jetzt ein eigenes Haus mit 200 m$^2$ Wohnfläche, einen großen Garten, einen Golf Cabrio für meine Frau und einen Mercedes 500 SLC.*

*Dies alles begleitet mich bis ins hohe Alter weit jenseits der 85 Jahre, stets gesund an Körper, Geist und Seele,*

*stets vital, dynamisch, jung, voller Tatendrang und einem unerschütterlichen Selbstvertrauen.*
*Und so ist es!*

## Wie erstelle ich meinen eigenen Zielplan?

Wie Sie sehen, habe ich den Musterplan so gestaltet, dass Sie ihn als eine Art Leitfaden für Ihren eigenen ganz persönlichen Plan benutzen können. Wenn Sie sich den Muster-Zielplan auf Seite 111 einmal genau anschauen, dann werden Sie feststellen, das dieser in fünf Rubriken unterteilt ist:
1. Wichtigstes Ziel.
2. Was tue ich dafür?
3. Was bin ich mir wert?
4. Wofür bin ich dankbar?
5. Sonstige Ziele.

Formulieren Sie also nun bitte auf einem separaten DIN-A-4-Blatt alles, was Ihnen am Herzen liegt, Ihre Ziele, Träume und Wünsche und gehen Sie dabei genauso vor, wie ich dies im Muster-Zielplan getan habe und lassen Sie sich bitte Zeit dabei. Ich wünsche Ihnen bei Ihrem Zielplan nun viel Vergnügen und die Kraft, mutige und kühne Entscheidungen zu treffen.

## Fehler passieren

Es gibt keine wirkliche Sicherheit im Leben, aber unheimlich viel Angst, sie zu verlieren, wie ein bekanntes Sprichwort dies treffend ausdrückt. Seien Sie bereit, Fehler zu machen, aber legen Sie bitte jetzt, hier und heute los, auch wenn in Ihrem Kopf im Augenblick noch so viele Fragen und Ausreden herumschwirren. Wenn Sie weiter auf sie hören, wird Ihnen nichts, aber auch gar nichts im Leben wirklich gelingen, und die Furcht, sich für etwas zu entscheiden, wird von Tag zu Tag nur noch größer. Viele Menschen glauben, Sie müssten zuerst immer ganz genau wissen, wann und wie alles abläuft, bevor Sie losstarten, aber dies ist nur der Weg des Mittelmaßes und damit der Weg der meisten Menschen auf dieser Welt. Der Erfolgreiche entscheidet sich einfach für ein bestimmtes Ziel, beispielsweise in zehn Jahren eine Million zu verdienen, legt los und überlässt es dann dem Universum oder Gott, ihn genau auf den richtigen Weg zu bringen. Wenn Sie sich aber beispielsweise schon gar nicht für einen bestimmten Urlaubsort entscheiden können, dann werden Sie auch niemals buchen, niemals ein Flugzeug besteigen und somit auch nirgendwo ankommen können. Logisch, oder? Es ist, wie Sie sehen, immer wieder der gleiche Appell, der sich wie ein roter Faden durch dieses Buch zieht und der da lautet: Entscheiden Sie sich für den Mut, nicht für das Zaudern.

Wenn Sie Ihren Zielplan dann erstellt haben und er fertig vor Ihnen auf dem Tisch liegt, dann stoppen Sie zunächst einmal die Zeit, die Sie benötigen, um ihn sich laut vorzulesen. Sollte dieser Zeitraum weit über zwei bis zweieinhalb Minuten hinausgehen, so kürzen Sie bitte überall dort, wo Sie kürzen können, ohne die Essenz Ihres Zielplanes wesentlich zu verändern, denn Sie erinnern sich: Wir wollen ein »Zweimal-Sieben-Minuten-Programm« am Morgen und am Abend abarbeiten und deshalb darf das Lesen des Lebensplans nicht viel mehr als maximal zweieinhalb Minuten Zeit in Anspruch nehmen.

# 7. Kapitel

- Anwendungsanleitungen und weitere Hintergründe zu »Ich bin«

- Wer steuert dies alles?

- »Ich bin«-Bejahungen

- Die Macht der Worte

- Alles, was Sie »Ich bin« hinzufügen, zu dem werden Sie

- Techniken

## Zweiter Schritt: Der Zielsatz

Ein Zielsatz ist eine kurze, prägnante, möglichst nicht mehr als zehn bis 15 Worte beinhaltende Erklärung an das Universum, an sich selbst und sein Unterbewusstsein. Diese Zielsätze und Übungen nennt man auch Bejahungen beziehungsweise »wissenschaftliche Gebete«. Ein Zielsatz, der über Monate und Jahre hinaus immer regelmäßig wiederholt und angewandt wird und der sich an den gültigen geistigen Gesetzmäßigkeiten orientiert, muss Sie zwangsläufig eines Tages mit dem in Berührung bringen, was Sie darin bejahen, vorausgesetzt, er wird auch tatsächlich konsequent wiederholt. Das Wichtigste ist, dass ein solcher Zielsatz mit den beiden für unser Unterbewusstsein wichtigsten Worten überhaupt beginnt, nämlich mit »Ich bin«, oder auch alternativ: »Ich danke jetzt für ...«

»Ich bin ...« bedeutet auch »Gott ist«. Mit »Ich bin« bejahen wir also die Gegenwart, was sehr wichtig ist, denn würden wir mit den Worten »Ich werde« die Zukunft bejahen, so sieht das Unterbewusstsein keinen Handlungsbedarf, weil wir ihm damit ja die Botschaft übermitteln, dass etwas noch nicht sofort sein muss.

»Ich bin« heißt also »es ist bereits vollbracht«, und zwar hier und jetzt. Dadurch lenken wir die Aufmerksamkeit unseres Unterbewusstseins darauf, dass wir das ja bereits in unserem Inneren sind, was wir einmal im Außen sein wollen. Es ist deshalb äußerst wichtig, dass Sie Ihrem persönlichen Zielsatz auch immer genau diese beiden sehr wichtigen Worte voranstellen. Die alternative Bejahung »Ich danke für« bedeutet für das Unterbewusstsein: Alles ist schon in mir, bitte um Materialisierung.

## Anwendungsanleitungen und weitere Hintergründe zu »Ich bin«

Als Jesus einst sprach: »Ich bin die Auferstehung und das Leben«, war dies wohl eine der gewaltigsten Bejahungen, die in diesem Universum jemals ausgesprochen wurde.
Mit »Ich bin« meinte Jesus nicht seinen Körper, seine äußere Gestalt, sondern die mächtige Gegenwart Gottes in seinem Inneren. Deshalb sagte er auch immer wieder: »Aus mir heraus kann ich nichts vollbringen. Es ist der Vater in mir, das ›Ich bin‹, das diese Werke tut.«
Nun, was bedeutet das? Lassen Sie mich Ihnen die Antwort auf diese Frage am besten wieder in Beispiele kleiden.
Wie Sie wissen, benötigt alles im Leben eine Energiequelle, um funktionieren zu können. Den Schlüssel Ihres Autos können Sie beispielsweise tausendmal im Schloss umdrehen; sollte keine Energiequelle – Batterie oder Benzin – vorhanden sein, so wird es auch nicht

anspringen. Föhn, Rasierapparat, Fernsehgerät, Radio oder Handy werden ebenfalls nur dann funktionieren, wenn entweder der Stecker in der Steckdose steckt oder andere Energiespender wie Akkus oder Batterien die notwendige Kraft dafür liefern. Kein Gasherd wird je einen Topf mit Wasser erwärmen können, wenn keine Gaszufuhr vorhanden ist, und kein Mühlrad an einer noch so schönen Mühle wird sich drehen, wenn Windstille herrscht oder der dazu notwendige Bach ausgetrocknet ist.

Nur wir Lebewesen, also Pflanzen, Tiere und Menschen, tragen unsere Energiequelle in uns selbst. Wird diese aber durch den Tod eines Tages plötzlich abgeschnitten, so ist – wie Sie wissen – jedes zuvor noch so blühende Leben von einer Sekunde auf die andere unwiderruflich zu Ende, und die jeweilige Körperhülle einem ganz rapiden und unaufhaltsamen Verfallsprozess preisgegeben. Kein Mensch, aus dem die Energie des Lebens entwichen ist, wird auch nur noch eine einzige Bewegung aus sich selbst heraus machen können, wenn die Leitung gekappt ist und das Leben den Körper verlassen hat.

## Wer steuert dies alles?

Wer aber bestimmt über Leben und Sterben und darüber, wie lange diese Energie jedem einzelnen Menschen zur Verfügung steht?

Richtig, es ist Gott oder die Gotteskraft in Ihnen, die Sie in jeder Sekunde Ihres Lebens erspüren und erfühlen können. Das Leben selbst ist nun einmal reine Energie, reiner Geist oder, wie die Metaphysiker

auch sagen, reines Licht. Ohne Geist kein Bewusstsein, ohne Bewusstsein kein Gedanke, ohne Gedanke keine Zielsetzung, ohne Ziel keine Tat, ohne Tat keine Ergebnisse, ohne Ergebnisse keine Evolution, kein Leben und so weiter. Wir können also festhalten: »Ich bin« nur, wenn Gott in mir ist, oder verkürzt ausgedrückt: Gott ist »Ich bin«!
Wenn Sie die »Ich bin«-Tätigkeit in sich spüren möchten, so fühlen Sie doch einfach einmal Ihren Puls. Tagtäglich seit wir leben – in meinem Fall nun bereits seit 50 Jahren –, pumpt »Ich bin« sekündlich absolut zuverlässig Blut durch meinen Körper, ganz egal, ob ich schlafe, arbeite, lache, weine, gehe, stehe oder liege. Dass auch nur die leiseste Unterbrechung innerhalb dieser 50 Jahre stattgefunden haben könnte, ist sehr unwahrscheinlich, denn »Ich bin« ja. Wäre es anders, so wäre ich nur »gewesen«, aber »Ich bin«.

## »Ich bin«-Bejahungen

Im Folgenden also nun einige »Ich bin«-Bejahungen, die jeden von Ihnen, der ernsthaft nach Lösungen Ausschau hält, in die Lage versetzen dürften, seine eigene, auf seine Situation bezogene »Ich bin«-Bejahung daraus abzuleiten.

*»Ich bin« die vollkommene Tätigkeit eines jeden Organs und jeder Zelle meines Körpers.*
*»Ich bin« die unüberwindliche Wache über meinen Verstand, meinen Leib, mein Heim, meine Finanzen, meine Welt und meine Geschäfte.*

»Ich bin« das Herz Gottes, und nun bringe ich Ideen und Werke hervor, die bisher noch nie geschaffen worden sind.
»Ich bin« die Gestalt und sichtbare Gegenwart dessen, was ich wünsche, und niemand kann dies verhindern.
»Ich bin« das, was ich zu erzeugen wünsche.
»Ich bin« die alleinige und vollkommene Kraft, die hier handelt, daher hat jeglicher Anschein von Störung sofort zu verschwinden.
»Ich bin« die unüberwindbare Kraft meiner Selbstbeherrschung.
»Ich bin« die alleinige Allmacht in meinem Körper und in meiner Welt.
»Ich bin« der Reichtum – Gott in Tätigkeit –, der sich jetzt in meinem Leben und in meiner Welt offenbart.
»Ich bin« die Auferstehung und das Leben all dessen, worauf ich meine Aufmerksamkeit zu richten wünsche.
»Ich bin« zu jeder Zeit die vollkommene Ausgeglichenheit von Rede und Tat.
»Ich bin« die befehlende Gegenwart, die unerschöpfliche Energie und die göttliche Weisheit, die jetzt meinen Herzenswunsch zur Erfüllung bringt.
»Ich bin« das Lebensprinzip und die alleinige Intelligenz in diesem Körper.
»Ich bin« die vollkommene Sehkraft, perfekt durch diese Augen schauend.
»Ich bin« die vollkommene Fähigkeit, perfekt zu hören.
»Ich bin« die Vollständigkeit aller Vollkommenheit, die ich jemals erschaffen möchte.
»Ich bin« das Licht und die Liebe in jeder Zelle meines Körpers.
»Ich bin« die vollkommene Harmonie meines Denkens, Fühlens und Handelns.

*»Ich bin«* der vollkommene Schutz meiner Selbst und meines Besitzes.
*»Ich bin«* die Gegenwart, die in meinem Heim und in meiner Umgebung Frieden, Liebe und Harmonie gebietet.
*»Ich bin«* vollkommene Gotteskraft in Tätigkeit und sie kennt nur Gelingen.
*»Ich bin«* der Reichtum Gottes, der jetzt in mein Leben fließt und mir dient.
*»Ich bin«* die harmonische Gegenwart, die alles durchdringt, egal wie auch immer die Verhältnisse sein mögen.
*»Ich bin«* die herrschende Gegenwart, die in Vollkommenheit gebietet, dass jetzt in meinem Gemüt, in meinem Heim und in meiner Welt Harmonie, Glück und die Gegenwart der Fülle Gottes zu sein haben.
*Ich gebiete der siegreichen »Ich bin«-Gegenwart, vollkommen über mein Gemüt, mein Heim, meine Welt und meine Angelegenheiten zu herrschen.*
*»Ich bin«* die tätige Gegenwart aller Verteilungskanäle und aller Dinge, die jetzt zu meinem Wohle beitragen.
*»Ich bin«* die Gegenwart, die überall und in jedem Bereich meines Lebens tätig ist.
*»Ich bin«* die allein tätige Intelligenz.
*»Ich bin«* alles, was da ist, überall gegenwärtig, sichtbar und unsichtbar.
*»Ich bin«* die Gegenwart, ständig auf der Hut.
*»Ich bin«* die Gegenwart, die dieses Auto vollkommen sicher lenkt und leitet.
*»Ich bin«* die vollkommene Gegenwart, die mein Kind (Mann/Freund/Partner) sicher und geschützt auf all seinen Wegen begleitet.

»Ich bin« der schützende Gürtel der Liebe für mein Heim und meine Familie.
»Ich bin« die allmächtig herrschende Gegenwart meines Lebens und meiner Welt.
»Ich bin« die vollkommene Gegenwart, die jetzt den idealen Partner in Liebe mit mir zusammenführt.
»Ich bin« vollkommene Ruhe, Gelassenheit und Ausgeglichenheit in jeder Lebenssituation.
»Ich bin« Gott in Tätigkeit, Hier und Jetzt.
»Ich bin« die reiche Fülle Gottes, die gerade jetzt fortdauernd zu meiner Verwendung sichtbar wird.
»Ich bin« ist in allem, was ich vollbringen möchte.
»Ich bin« die höchste Macht, schaffende Gotteskraft.
»Ich bin« der Weg, die Wahrheit und das Leben.
»Ich bin« jetzt gesund, erfolgreich und habe jetzt einen ganz wundervollen Partner an meiner Seite.
»Ich bin« ein großartiger Erfolg, gesund, reich, frei und glücklich.
»Ich bin« ein liebevoller, guter Vater und immer geduldig mit meinen Kindern.
»Ich bin« das gelassene Wissen und die perfekte Lösung all meiner Angelegenheiten und Herausforderungen.
»Ich bin« die unendliche Intelligenz, welche mich jetzt zu der Anstellung führt, die bestens dotiert ist sowie meinen Talenten, Fähigkeiten und Vorstellungen vollkommen entspricht.
»Ich bin« die vollkommene Beherrschung und Auflösung all meiner Ängste, Süchte und Anfechtungen.
»Ich bin« Lachen, »Ich bin« Lebensfreude, »Ich bin« Liebe.
»Ich bin« die Intelligenz, die mir jetzt den genauen Aufenthaltsort von (Person, Tier, Gegenstand) enthüllt.
»Ich bin« die absolute Selbstbeherrschung in jeder Situation und zu jeder Tages- und Nachtzeit.

## Die Macht der Worte

Dies waren nun also 50 »Ich bin«-Bejahungssätze, die bei Anwendung die Gotteskraft in Ihnen in die sofortige Tätigkeit bringen, sobald Sie sie auszusprechen beginnen. Wenn Sie sich nun vielleicht fragen, warum ich all diese Bejahungen wahllos durcheinander geschrieben und nicht in einzelne Kategorien wie Gesundheit, Reichtum, Erfolg, Partnerschaft, Arbeitslosigkeit und so weiter unterteilt habe, dann verstehe ich diese Frage durchaus. Denken Sie bitte aber auch daran, dass es sich hierbei um ganz essenzielle geistige Treatments (Behandlungen) handelt, die, richtig verstanden und angewandt, langfristig nicht nur Ihre aktuellen Probleme lösen werden, sondern auch Ihr ganzes bisheriges Gottesverständnis in einem völlig neuen Licht erscheinen lassen.
Deshalb ist es sehr wichtig, dass Sie mehr mit dem Herzen als mit dem Verstand lesen, und vor allem auch, dass Sie die gesamten Zusammenhänge verstehen lernen, anstatt nur eiligst nach einer gerade für Sie passenden Bejahung Ausschau zu halten, die Sie dann in der Hoffnung, dass sich innerhalb von ein paar Tagen Ergebnisse und Lösungen einstellen, vielleicht mehr zweifelnd als überzeugt »herunterrasseln«.
Es geht ganz einfach darum, dass Sie Ihr Leben von nun an täglich quasi »step by step« leben, es auf eine neue sichere Basis stellen, und nicht darum, ständig immer wieder neue Brandherde löschen zu müssen, die Sie zuvor aus Unwissenheit immer wieder selbst legen. Sie gießen ja auch nicht zehn Liter Wasser über Ihre Topfpflanzen in Ihrer Wohnung, bevor Sie in Urlaub fahren, weil Sie sehr genau wissen, dass dies Ihren Pflanzen

mehr schaden als nützen würde. Im Gegenteil, Sie sorgen vielmehr dafür, dass Ihre Kinder oder eine Nachbarin Ihren Pflanzen genau dosiert und sehr liebevoll gerade so viel Wasser gibt, wie dies notwendig ist, damit diese sich kontinuierlich und gesund weiterentwickeln können.

Lassen Sie mich Ihnen an dieser Stelle nochmals versichern, dass es in dieser Welt niemals einen Zustand im menschlichen Bereich gab, gibt oder geben wird, der so schlecht, so unheilvoll ist, dass »Ich bin«, die schaffende Gegenwart Gottes, ihn nicht umbauen könnte zu Freiheit und Unabhängigkeit in jeder Weise.

Das Leben bringt nun einmal sowohl positive als auch negative Herausforderungen, Erfahrungen und Situationen mit sich. Werden diese beziehungsweise deren verborgene Botschaften allerdings richtig verstanden, so erweisen sie sich später immer wieder als verkleidete Segnungen, denn jedes Erlebnis, das uns veranlasst, uns fest und entschlossen der »Ich bin«-Gegenwart als einziger Energiequelle unseres Seins zuzuwenden, dient ausschließlich unserer positiven Entwicklung in jedem Lebensbereich. Die unglücklichen Verhältnisse, mit denen wir Menschen im Laufe unseres Erdenlebens konfrontiert werden, erwachsen immer aus zwei Ursachen:

1. Wir suchen immer nur nach Hilfe, Unterstützung und einer lenkenden Intelligenz, die außerhalb unserer Seins liegt.

2. Liebe ist die höchste Gegenwart und Kraft des Universums. Alle Bedingungen, die sich uns entgegenstellen, haben keine Bedeutung, aber nur dann, wenn wir uns zu keiner Zeit beirren und von der großen Wahrheit ablenken lassen, die da lautet: »Liebe ist der Mittelpunkt des Weltalls, um den alles kreist.«

Jedes menschliche Wesen ist eine Macht und dazu bestimmt, sein Leben und seine eigene Welt zu regieren. Wer einmal begreift, dass in jedem Menschen die »Ich bin«-Gegenwart wirksam ist, der versteht auch sehr schnell, dass, wenn er ihr tagtäglich mehrmals seine volle Aufmerksamkeit widmet, ihn nichts und niemand wirklich bedrohen, verletzen oder gar besiegen kann.
Natürlich braucht es eine starke Entschlusskraft und viel Selbstdisziplin, an dieser Überzeugung langfristig festzuhalten, hauptsächlich dann, wenn die Sturmwolken des täglichen Lebens einmal wieder bedrohlich über einem hängen. Bleibt jedoch die bewusste Aufmerksamkeit fest, langfristig und unbeirrt auf die Gottesgegenwart im Inneren gerichtet, so flammt diese immer wieder auf wie ein gewaltiger Blitz und löst die jeweilige Bedrohung restlos auf. Wer an diesen Wahrheiten allerdings zweifelt, der muss mit der Erfüllung seiner Wünsche mit Sicherheit noch warten, denn Zweifel und Furcht sind die beiden wichtigsten Tore, die jedes menschliche Wesen auf seinem geistigen Entwicklungsweg hinter sich lassen muss, um ein vollständiges Verständnis für die Gesetze des Lebens und eine vollkommene persönliche Freiheit zu erlangen.
Wollen Sie also die Quadratur des Kreises, so setzen Sie »Ich bin« ins Werk. Beachten Sie nicht, was andere sagen, sondern konzentrieren Sie sich immer nur auf das, was Sie selbst schaffen, erzeugen beziehungsweise bewältigen wollen.
Nach diesem kurzen Abschweifer aber nun wieder zurück zu Ihrem ganz persönlichen Zielsatz und dessen Aufbau.

## Alles, was Sie »Ich bin« hinzufügen, zu dem werden Sie

Fügen Sie nun also den Worten »Ich bin« bitte all die Attribute hinzu, die Sie gerne in Ihrem Leben verwirklicht sehen möchten. Gehen Sie dabei nicht ins Detail, sondern halten Sie sich an die empfohlenen Allgemeinbegriffe wie gesund, erfolgreich, wohlhabend, glücklich, liebevoll, frei, entscheidungsfreudig, ruhig, gelassen oder auch beispielsweise glückliche Partnerschaft, Ehe, Beziehung und so weiter. Merken Sie sich immer: Das, was Sie bewusst oder unbewusst den Worten »Ich bin« hinzufügen, zu dem werden Sie! Das glauben Sie nicht? Nun, dann lassen Sie es entweder bleiben oder prüfen Sie es selbst nach.

Eine bessere Möglichkeit als dies selbst nachzuprüfen, um Wahrheit und Lüge auseinander zu halten, gibt es übrigens gar nicht. Ich selbst habe dies auch sehr lange nicht geglaubt, aber anstatt es kurzerhand abzulehnen, bin ich den Weg des Herausfindens gegangen – so wie viele andere vor mir auch schon.

Hier nun weitere zehn von vielen tausend Zielsatz-Kombinationsmöglichkeiten einer »Ich bin«- oder »Ich danke«-Bejahung:

1. »Ich bin« gesund, reich, erfolgreich und habe einen wundervollen Partner.
2. »Ich bin« ein großartiger Erfolg, gesund, frei und unabhängig.
3. »Ich bin« ein liebevoller Partner, guter Vater und immer geduldig mit meinen Kindern.
4. »Ich bin« frei, voller Entscheidungskraft und Durchhaltevermögen.

5. »Ich bin« von Tag zu Tag ruhiger und gelassener.
6. »Ich bin« jetzt ein ganz außergewöhnlicher Erfolg.
7. »Ich danke« für den perfekten Schutz und Gottes Liebe, die mein Kind auf all seinen Wegen umgibt.
8. »Ich bin« sehr dankbar, dass ich jetzt den richtigen Job gefunden habe.
9. »Ich danke« für die perfekte Lösung meines Problems.
10. »Ich bin« in dieser schwierigen Situation mit meiner ganzen geistigen Unterstützung an der Seite meiner Frau/Mann/Kind/Freund/Eltern.

Wichtig ist einfach, dass Sie das positiv bejahen, was Sie in Ihrem Leben haben möchten. Auch hier gilt: Handeln Sie und tun Sie es nach bestem Wissen und Gewissen, aber schreiben Sie mir bitte bitte nicht, wenn Sie sich nicht entscheiden können, denn ich kann und werde nicht die Verantwortung für Sie und Ihr Leben übernehmen können. Briefe wie: »Super, Herr Kummer, gratuliere zu Ihrem Buch. Nun aber zu meinem Problem« stapeln sich inzwischen schon bei mir, aber sie werden unbeantwortet bleiben müssen, denn ich kann, will und werde keines Menschen Kindermädchen sein, auch wenn dies manche gerne so hätten. Jeder Mensch glaubt nämlich, selbst immer eine ganz spezielle Situation zu haben, die nur ein anderer lösen kann. Aber dem ist nicht so, und auch wenn Sie das Buch mehrmals lesen müssen, um genau dies richtig und vollständig zu verstehen, so sollten Sie davor nicht zurückschrecken, es lohnt sich. Fakt ist: Sie können nur dann etwas verändern in Ihrem Leben, wenn Sie selbst die Verantwortung für Ihr Handeln übernehmen.

## Techniken

Zum Schluss dieses Kapitels noch dies: Von den meisten Lebenshilfeberatern, Therapeuten und Autoren wird immer wieder – und dies völlig zu Recht – darauf hingewiesen, dass die Programmierung unseres Unterbewusstseins am besten durch kurze, prägnante Sätze zu bewerkstelligen ist, wie zum Beispiel: »Ich bin gesund«, »Ich bin ein Erfolg«, »Ich bin reich«. Lesen Sie dazu auch meine Bücher »Ich will, ich kann, ich werde«, »Nichts ist unmöglich«, »Ab heute besser drauf« und »Warum geschieht gerade das ausgerechnet mir«.
Zwei der bedeutendsten Psychologen, der Schweizer Arzt Carl Gustav Jung und der Amerikaner William James, waren aber völlig überzeugt, dass der Mensch nicht nur ein Bewusstsein besitzt, mit dem er denkt, und ein Unterbewusstsein, das ihn aufgrund der Totalsumme seiner gefühlsmäßigen Überzeugungen durchs Leben führt, sondern dass er auch noch über eine dritte, tiefere Geistesebene verfügt. Diese überbewusste Ebene, auch Christus- beziehungsweise Superbewusstsein genannt, der unendliche Intelligenz innewohnt, kann ebenfalls jederzeit aktiviert werden, um im Leben eines Menschen fast augenblicklich Lösungen und Hilfe zu bewirken.
Zwei der wohl mächtigsten Bejahungen, die schon unzähligen Menschen in ihrer Not halfen, sind zum Beispiel der 23. Psalm (»Der Herr ist mein Hirte«) oder das »Vaterunser«. Beide enthalten 104 beziehungsweise 66 Worte und können deshalb im Bereich des Unterbewusstseins allein nur sehr wenig bewirken. Sie entfalten dagegen im übergeordneten Superbewusstsein ihre Kraft, was ja die vielen großen und kleinen Wunder, die

im Laufe der letzten 2000 Jahre aufgrund dieser Gebete geschahen, recht eindrucksvoll belegen.

Die Wissenschaft hat übrigens festgestellt, dass eine Bejahung, auch Affirmation genannt, bei etwa 60- bis 90-maliger Wiederholung pro Tag etwa 21 Tage braucht, bevor sie vom Unterbewusstsein überhaupt zur Kenntnis, also angenommen wird. Das Super- oder Christusbewusstsein dagegen reagiert oft fast noch schneller, als wir die Worte auszusprechen vermögen, deshalb meine Empfehlung:

*In Notsituationen mit dem Superbewusstsein arbeiten, bei langfristigen Erfolgsplanungen dagegen mit dem Unterbewusstsein.*

Verwenden Sie speziell in der Arbeit mit dem Unterbewusstsein deshalb auch nicht zwei, drei oder fünf kurze Bejahungssätze für Ihre tägliche Arbeit, sondern selektieren Sie, was Ihnen wirklich wichtig ist, und packen Sie es in einen einzigen, maximal zwei Sätze hinein, zum Beispiel: »Ich bin gesund, wohlhabend und glücklich.« Nicht dass mehrere Sätze gleichzeitig nicht wirken würden, aber der rasche »Transport« hinunter ins Unterbewusstsein gestaltet sich bei längeren beziehungsweise mehreren Sätzen ungleich schwieriger.

In jedem Falle gilt aber auch hier: Nur die konsequente Übung und ein langer Atem führen langfristig zur Meisterschaft.

# 8. Kapitel

- Bilder in der Sexualität
- Verwirklichen durch Imagination
- Täglich zweimal das Sieben-Minuten-Kompaktprogramm anwenden
- Morgenübung
- Übung während des Tages
- Abendübung
- Zehn Fragen zur Anwendung

# Dritter Schritt: Der innere Spielfilm

Kommen wir nun zum dritten und damit letzten Punkt unseres täglichen Kompaktprogramms, dem so genannten »inneren Spielfilm«. Einer Abfolge von imaginären, also im Geiste ablaufenden Zielvorstellungen, die ständig wiederholt sich dem Unterbewusstsein fast noch schneller einprägen, als dies eine Bejahung mit Worten vermag.

*Wenn Sie sich beispielsweise ein neues Auto wünschen, dann stellen Sie sich so lebhaft wie möglich vor, wie es sich anfühlen würde, wenn Ihre Hände über die Karosserie gleiten würden, spüren Sie es, fühlen Sie es. Öffnen Sie die Tür und fühlen Sie den Haltegriff in Ihrer Hand. Spüren Sie, wie die weichen Sitze Sie aufnehmen. Sehen Sie das Lenkrad und das Armaturenbrett in Ihrer Fantasie real vor sich. Fahren Sie los, kuppeln, schalten und lenken Sie, kurz: Tun Sie in Ihrer Vorstellung so, als wenn alles schon konkrete Wirklichkeit wäre.*
*Sollten Sie sich dagegen ein eigenes Haus wünschen, so gehen Sie geistig bereits durch die Räumlichkeiten, öffnen Sie die Balkontür, betreten Sie den Rasen und*

*prüfen mit der Hand die Wassertemperatur Ihres Swimming-Pools. Hören Sie innerlich zu, wie begeistert Ihre Frau von diesem Haus schwärmt und wie sehr Sie sich freut, dass das ganze Anwesen nun Ihnen beiden gehört. Ist das, was Sie anstreben, aber vielleicht eine neue, besser dotierte Stellung, so visualisieren Sie, wie Sie einem sehr angenehmen und sympathischen neuen Chef gegenüber sitzen und wie Sie sich bei ihm mit Ihren Gehaltsvorstellungen durchsetzen können, wie er Ihre Forderungen akzeptiert, Ihnen über den Schreibtisch hinweg die Hand schüttelt und Ihnen sagt, wie froh er ist, einen solchen Fachmann, wie Sie, für sein Unternehmen gewonnen zu haben.*
*Egal also, was immer Sie sich wünschen, sehen, fühlen Sie sich bereits am Ziel. Überzeugen Sie Ihr Unterbewusstsein mittels Ihrer Bilder und Ihrer positiven Gefühle, dass all das, was in Wirklichkeit ja erst Ihr Ziel ist, bereits jetzt eingetreten, bereits jetzt Wirklichkeit geworden ist.*

Ihr Unterbewusstsein wird reagieren, es wird – vorausgesetzt, Sie machen dies wirklich tagtäglich und sind immer mit dem entsprechenden Hochgefühl dabei – alles daran setzen, dieses Ziel auch in der realen Welt Wirklichkeit werden zu lassen. Viele Menschen sagen immer wieder zu mir: »Ich sehe so gut wie gar nichts.« Sie meinen, wenn man nicht alles glasklar und sehr deutlich vor sich sieht, dann taugt die Imagination nichts. Aber das ist falsch und dumm zugleich. Schließen Sie einfach einmal die Augen und versuchen Sie sich Ihr Wohnzimmer vorzustellen. Genau so sollten auch Ihre Zielvorstellungen ablaufen, das heißt, Sie sehen nicht ein klares Bild davon, sondern Sie versuchen, es sich vorzustellen. Denken Sie bitte auch daran: All Ihre Sorgen und Ängste, die irgendwann in Ihrem Leben einmal wahr wurden, haben Sie ja auch nur lange genug »unscharf« als Furchtvision mit sich herumgetragen, und Sie haben sich trotzdem eines Tages verwirklicht. Überlegen Sie auch einmal, in welchem Bereich Ihres Lebens Bilder, Worte und Gefühle ebenfalls eine sofortige Reaktion hervorrufen.

## Bilder in der Sexualität

Was bewirken beispielsweise erotische Fantasievorstellungen und Fantasiebilder im Körper oder das Betrachten eines Erotikfilms? Wie reagiert darauf der Blutkreislauf, das Herz, die Geschlechtsorgane, und kommen viele Menschen nicht gerade dann zum Orgasmus, wenn diese Bilder innerlich so hoch potenziert wurden, dass sie ihnen eine ganz reale »Wirklichkeit« vorspiegeln?
Wer also seinen Wunsch, sein persönliches Erfolgsziel auf ein ähnlich hohes emotionales und von positiven Bildern beherrschtes Niveau wie in der Sexualfantasie bringen kann, der wird über kurz oder lang zwangsläufig erleben, dass all diese geistigen Techniken ihm helfen, sein angestrebtes Ziel noch schneller zu erreichen.
Bei Bruce Lee dauerte es – wie Sie inzwischen wissen – etwa zehn Jahre, bis er sich seinen Zielplan, der bekannteste asiatische Schauspieler Hollywoods zu werden und zehn Millionen Dollar pro Jahr zu verdienen, verwirklicht hat.
Bei kleineren Zielen kann sich natürlich in wenigen Monaten schon sehr viel tun, vorausgesetzt man übt sich

beständig darin, sich seine Vision immer und immer wieder zu vergegenwärtigen.

## Verwirklichen durch Imagination

Stellen Sie sich also vor Ihrem geistigen Auge immer wieder bildlich vor, Sie wären bereits das, was Sie sich später einmal zu sein wünschen, und visualisieren Sie jene Szenen in Ihrer Fantasie, von denen Sie annehmen, so könnte es sich in der Wirklichkeit einmal abspielen, wenn Sie am Ziel Ihrer Wünsche angekommen sind. Sie können dabei nichts aber auch gar nichts falsch machen, glauben Sie mir, Sie können nur dann einen Fehler machen, wenn Sie zaudern, zagen und nicht anfangen und loslegen.

*1. Zählen Sie meinetwegen in Ihrer Fantasie bereits Ihre Millionen und stapeln Sie sie.*
*2. Geben Sie als Direktor Ihrer Firma Anweisungen per Telefon oder auch im direkten Gespräch mit Ihren leitenden Angestellten; diskutieren Sie mit ihnen.*
*3. Sehen Sie sich in der eigenen Wohnung oder im eigenen Haus mit einem liebevollen Partner leben und sprechen Sie so mit ihm oder ihr über allgemeine tägliche Belange, als wäre es bereits Wirklichkeit. Freuen Sie sich also ganz intensiv an dem, was Sie visualisieren, damit Ihr Unterbewusstsein weiß, was es zu verwirklichen hat.*
*4. Erzählen Sie in Ihrer Vorstellung Ihren Freunden lebhaft und begeistert von Ihrem Haus in der Südsee, dem Chalet in der Schweiz, von dem Ferrari in der Garage.*

*5. Erleben Sie deutlichst, wie Ihnen Ihr Kind, aus der Schule kommend, von seinen Erfolgen und guten Noten erzählt und gratulieren Sie ihm dazu.*
*6. Hören Sie Ihrem Arzt in Ihrer Vorstellung zu, wie er Ihnen eröffnet, Sie seien wieder völlig gesund.*
*7. Lassen Sie sich zu einer Preisverleihung auf eine von Scheinwerfern erleuchtete Bühne vor Tausenden von begeisternd applaudierenden Menschen bitten und lächeln Sie ins Publikum und in die Kameras.*

Und so weiter, und so weiter. Erleben Sie, wie gesagt, in Ihrer Fantasie alles bereits so, als ob das Geträumte bereits Realität im Hier und Jetzt wäre und genießen Sie die in Ihnen dabei entstehenden Glücksgefühle ausgiebig.
Sie werden des öfteren auch feststellen, dass Sie dabei eine richtige Gänsehaut bekommen – ebenso wie im richtigen Leben; dies sind dann übrigens ganz deutliche Zeichen dafür, dass Ihr Unterbewusstsein bereits reagiert.
Auch wenn diese intensiven inneren Erlebnisse nicht innerhalb von zwei bis drei Monaten Wirklichkeit werden, so graviert sich doch dieses Bild mehr und mehr und immer tiefer in Ihr Unterbewusstsein ein, je öfter Sie es wiederholen, und die Chance, dass Ihre Zukunft sich gegenteilig entwickelt, wird von Tag zu Tag immer geringer, vorausgesetzt Sie entwerten es danach nicht wieder durch Mangelgedanken. Am besten, Sie sprechen immer dann, wenn wieder Mangel- und Furchtgedanken aufkommen sollten, ganz intensiv Ihren persönlichen Zielsatz, damit Sie Ihre positiven Gefühle aufrecht halten können.

Auch hier gilt: Lassen Sie Fantasie walten und halten Sie vor allem durch! Dieser innere Spielfilm sollte, wie gesagt, täglich etwa zweimal drei Minuten lang vor Ihrem geistigen Auge ablaufen. Er darf auch, damit er mit der Zeit nicht langweilig wird, durchaus abwechslungsreich sein, aber er sollte sich im Kern ausschließlich immer um den von Ihnen angestrebten Erfolg drehen.

*Auch hier gilt:*
*1. Verwirklichung zwischen 21 Tagen und mehreren Monaten beziehungsweise Jahren.*
*2. Möglichst das momentan wichtigste Thema wählen und sich nicht verzetteln, indem man beispielsweise viele verschiedene Wünsche und Themen miteinander zu kombinieren versucht.*
*3. Selbst Entscheidungen treffen, Eigeninitiative entwickeln.*
*4. Bei noch vorhandener Unsicherheit zusätzlich mit meinen Büchern »Ich will, Ich kann, Ich werde« und »Nichts ist unmöglich« intensiv arbeiten.*

Wenn darüber hinaus Fragen entstehen, wenn Sie zum Beispiel nicht genau wissen, wie Sie weitermachen sollen, dann suchen Sie am besten eine Buchhandlung auf oder sprechen Sie mit Fachleuten über Ihr Problem und darüber, wo und wie Sie sich weiterbilden können. Ich bin sicher, Sie werden immer an die richtige Literatur und an die richtigen Menschen geraten, denn auf Ihrem Weg werden Sie von Ihrer Intuition geführt und diese Art von Führung ist mit Sicherheit die beste, die es gibt. Vertrauen Sie also Gott in Ihrem Herzen, es lohnt sich.

## Täglich zweimal das Sieben-Minuten-Kompaktprogramm anwenden

So, nun habe ich Ihnen also alle drei Bausteine Ihres gesamten Tagesprogramms ausführlich vorgestellt, und nun sollen Sie auch sofort erfahren, wie man konkret damit arbeitet:
In der Arbeit mit dem Unterbewusstsein – und das sollten Sie sich wirklich einprägen – sind immer die letzten Gedanken vor dem Einschlafen und die ersten Gedanken nach dem Aufwachen von ganz besonderer Wichtigkeit, und genau deshalb müssen Sie zu diesen Zeiten auch mit der Trainingsarbeit beginnen.

## Morgenübung

*Wenn Sie des morgens die Augen öffnen, so greifen Sie sich als Erstes Ihren Lebensplan und suchen Sie mit ihm »bewaffnet« am besten einen Ort auf, wo Sie etwa sieben Minuten ungestört sein können (wichtig ist, das Bett in jedem Fall zu verlassen, damit Sie nicht wieder einschlafen!). Dort angekommen, lesen Sie sich zuerst Ihren Lebensplan laut durch (etwa drei Minuten). Lassen Sie anschließend Ihren »inneren Spielfilm« vor Ihrem geistigen Auge ablaufen (ebenfalls etwa drei Minuten). Als Drittes sprechen Sie dann noch etwa eine Minute lang drei bis fünf Mal Ihren ganz persönlichen Zielsatz.*

## Übung während des Tages

*Über den Tag verteilt sollten Sie Ihren Zielsatz dann unbedingt mindestens 50- bis 100-mal laut und*

vernehmlich wiederholen, und zwar so oft, wie Sie dazu Gelegenheit haben, besonders aber dann, wenn Sie in Gefahr kommen, wieder in Zweifel und Angst zu verfallen. Bitte nehmen Sie speziell diese Anweisung ganz besonders ernst.
Dies sage ich auch immer wieder zu Menschen, die meinen, mit einem möglichst geringen Aufwand große Ziele erreichen zu können. Im Klartext: Sie müssen Ihr Unterbewusstsein mindestens ein halbes bis ein ganzes Jahr lang geradezu mit diesen positiven Botschaften »durchtränken«, wenn wirklich eine entscheidende Transformation stattfinden und sich ein neues Programm in Ihnen verankern soll.

## Abendübung

*Lesen Sie sich unmittelbar vor dem Schlafengehen nochmals Ihren Zielplan laut durch (Dauer etwa drei Minuten). Schalten Sie danach das Licht aus und lassen Sie, nachdem der Kopf auf das Kissen gesunken ist, nun vor Ihrem geistigen Auge wieder Ihren inneren Erfolgs-Spielfilm ablaufen (Dauer etwa drei bis vier Minuten). Sie können den Spielfilm, sollten Sie anfangs nicht gleich einschlafen, auch so lange verlängern, bis Sie endlich einschlafen können. Achten Sie aber sehr darauf, dass dieser Gedanke immer der letzte ist, bevor Sie in den Schlaf sinken, denn das ist sehr wichtig für die Programmierung Ihres Unterbewusstseins. Sollten Sie dabei einschlafen, na super, etwas Besseres kann Ihnen gar nicht passieren.*
*Von nun an haben also beide Botschaften, sowohl die Worte Ihres Zielsatzes als auch die freudigen Visionen Ihres inneren Spielfilms, sechs bis acht Stunden lang*

*Zeit (je nachdem, wie lange Sie schlafen), sich Ihrem Unterbewusstsein einzuprägen und mitzuteilen. Gesamtübungszeit am Abend: etwa sieben Minuten.*

**Hier also nochmals Ihr gesamtes Trainingsprogramm in der Gesamtübersicht:**

*Morgens nach dem Aufwachen*
1. Zielplan laut und voll Begeisterung lesen (etwa drei Minuten)
2. Innerer Spielfilm, also Erfolgsvisualisierung (etwa drei Minuten)
3. Drei Mal Zielsatz laut sprechen (etwa eine Minute)
Gesamtaufwand: sieben Minuten

*Tagsüber*
Mindestens 50- bis 100-mal Zielsatz wiederholen, besonders dann, wenn Zweifel und Zukunftsängste auftauchen.

*Abends vor dem Einschlafen*
1. Zielplan möglichst laut lesen (etwa drei Minuten)
2. Innerer Spielfilm (etwa drei bis vier Minuten, beziehungsweise verlängern bis zum Einschlafen)
Gesamtdauer: sieben Minuten

Wenn Sie wirklich die Disziplin aufbringen – und ich wünsche es Ihnen wirklich, weil ich weiß, was dieses Programm alles bewirken kann – und Sie es sechs bis acht Monate lang tagtäglich konsequent durchzuziehen, dann werden Sie bereits feststellen, dass sich in Ihrem Leben etwas zu verändern beginnt. Natürlich kann ich Ihnen heute nicht sagen, was es alles sein wird;

dies ist nämlich von Mensch zu Mensch völlig verschieden. Ich kenne Leser(innen), die visualisierten sich ein Haus und hatten es innerhalb eines halben Jahres, andere dagegen haben viele Jahre daran gearbeitet. Seien Sie deshalb sehr aufmerksam und beobachten Sie zwar, was sich so tut – aber warten Sie bitte nicht bewusst jeden Tag darauf, dass sich plötzlich alles schlagartig verändert in Ihrem Leben. Die Vorgänge sind in der Regel wesentlich subtiler, und ein langer Atem und viel Geduld sind mit Sicherheit angebracht.

Sie können die Gotteskraft in sich auch niemals manipulieren; aber Sie können Ihre Arbeit tun und daraus dann das Vertrauen ableiten, dass bereits alles auf dem Weg ist.

Dass manchmal Dinge geschehen können, die anfangs gar nicht so positiv sind, habe ich Ihnen bereits schon beschrieben, eben weil ja auch noch die Ernte der Vergangenheit eingefahren werden muß.

## Zehn Fragen zur Anwendung

Lassen Sie mich Ihnen nun noch die im Zusammenhang mit dieser intensiven Erfolgsprogrammierung am häufigsten gestellten Fragen von Seminarteilnehmern und Lesern beantworten, mit denen auch Sie im Laufe der Zeit konfrontiert werden.

*1. Was tue ich, wenn ich nicht gleich einschlafen kann?*
Zunächst müssen Sie sich darüber im Klaren sein, dass alles, was Sie neu in Ihrem Leben integrieren und was somit ungewohnt für Körper und Geist ist, anfänglich nicht gerade zu einer großen inneren Ruhe beiträgt.

Deshalb kann es durchaus möglich sein, dass Sie gerade am Anfang nicht sofort nach Ihrer dreiminütigen Imagination des Spielfilms einschlafen können.
Achten Sie deshalb auch darauf, dass sich nach dieser Imagination keine ärgerlichen Gedanken oder Bilder, keine Negativitäten oder Angstgedanken mehr einschleichen, die Sie dann »versehentlich« mit in den Schlaf nehmen.
Mit der Zeit werden Sie feststellen, dass allein das unterbewusste Wissen, dass der Spielfilm die letzte Aktivität für Sie zu sein hat am Abend, dazu führt, dass Sie sogar noch besser als jemals zuvor einschlafen können.

*2. Ich schlafe schlecht und träume die wildesten Träume*
Auch das ist im Grunde ein sehr positives Zeichen, denn Ihr »innerer Schweinehund« wehrt sich natürlich gegen all das Positive; aber in diesem Fall hilft Durchhaltevermögen und Geduld, damit sich die Dinge mit der Zeit normalisieren.

*3. Ich sehe keine klaren und deutlichen Bilder vor meinem geistigen Auge während meines imaginären Spielfilms*
Das brauchen Sie auch nicht! Und bitte denken Sie noch einmal darüber nach, was ich Ihnen zum Thema Sexualfantasie gesagt habe: Dort sehen Sie Ihre Bilder auch nicht klar wie auf einer Videowand. Wichtig ist nur, dass sich Ihre Vorstellungskraft nur noch um Ihr Ziel dreht.

*4. Mein Partner lacht mich aus*
Lassen Sie ihn lachen, das legt sich wieder. Wenn nicht, dann suchen Sie das Gespräch mit ihm und wenn das nicht hilft, dann tun Sie, was Sie glauben, tun zu müs-

sen: Entweder Sie resignieren – oder Sie ziehen die Konsequenzen und trennen sich von ihm. Das müssen ganz alleine Sie entscheiden.

*5. Muss ich dieses Programm jeden Tag durchführen?*
Wenn Sie Ihre Ziele eines Tages wirklich erreichen wollen: Klar und unmissverständlich – ja!

*6. Ich schlafe nicht alleine, kann ich den Zielplan auch vor dem Schlafengehen im Wohn- oder Badezimmer lesen?*
Ja natürlich, denken Sie immer nur an das Grundprinzip. Beide, Zielplan und Spielfilm, sollten in Worten und Bildern das Letzte vor dem Einschlafen sein, an das Sie denken. Das ist das Allerwichtigste!

*7. Was mache ich, wenn mir speziell das Tagesprogramm nach sechs Wochen »zum Hals heraushängt«?*
Überwinden Sie sich, oder Ihr »innerer Schweinehund« wird Ihnen Ihr Leben wieder aus den Händen nehmen. Wollen Sie ihn glücklich machen oder sich selbst?

*8. Wer garantiert mir, dass auch alles wie geschildert funktioniert?*
Indem Sie sich für dieses Thema noch viel mehr und viel intensiver interessieren, mehr Literatur darüber lesen und dadurch immer besser begreifen lernen, dass die einfachen Dinge im Leben immer die effektivsten sind. Was gibt es denn Einfacheres, als einen Kirschkern in den Boden zu senken? Dieser Kirschkern wird immer nur ein Kirschbaum werden und Kirschen hervorbringen können – niemals einen Pflaumenbaum mit den dazugehörenden Pflaumen.

*9. Was passiert, wenn ich täglich nicht mindestens 50- bis 100-mal meinen Zielsatz spreche?*
Nun, Sie brauchen insgesamt länger bis zur Verwirklichung Ihrer Träume, verlieren mit der Zeit die Lust, das Durchhaltevermögen und ihr »Innerer Schweinehund« wird bald schon wieder die Oberhand in Ihrem Leben bekommen. Merken Sie sich: »Ich kann nicht« heißt immer »Ich will nicht«.

*10. Reicht es, nur am Morgen und am Abend zu arbeiten und sich tagsüber nur seinem Beruf zuzuwenden?*
Nein, denn Ihre Gedanken schweifen unweigerlich immer wieder ins Negative ab und wenn Sie das nicht nur verhindern, sondern Ihr Unterbewusstsein auch schnellstens positiv transformieren wollen, dann müssen Sie mit den Bejahungen über mindestens ein halbes Jahr ein sehr, sehr wirksames Gegengewicht setzen.

# 9. Kapitel

- Abraham Lincoln
- Madeleine schafft ein Wunder
- Erste Probleme
- Es wird immer enger
- Sie kannte nur noch Selbstmitleid
- Die Ängste überwinden
- Es machte »klick«
- Die lieben Eltern
- Der Frust hielt sich in Grenzen
- Die Wende
- Sie feierte ihren Sieg
- Wut ist ein schlechter Ratgeber
- Das Resümee
- Gib niemals auf

# Es gibt nur einen Weg

Es gibt langfristig wirklich nur einen einzigen Weg, auf dem der Mensch Gesundheit, Wohlstand, Seelenfrieden und Erlösung erreichen kann: Er muss sehr diszipliniert in und an seinem bewussten Denken arbeiten, um bessere und bleibende Lebensumstände zu erreichen. Dies ist wirklich der einzig gangbare Weg, es gibt keinen anderen. Die gesamte Menschheit hat seit zahllosen Generationen versucht, auf jede andere erdenkliche Art und Weise Glück und Seelenfrieden zu erreichen. Dabei hat sie alle möglichen Methoden und Philosophien angewandt, um dieses Ziel durch eine Änderung in den äußeren Lebensumständen zu erreichen, allerdings ohne die eigene Denkweise dabei zu verändern. Das Ergebnis war meist immer dasselbe: Fehlschlag!
Sicher verstehen auch Sie inzwischen, warum das so ist, denn unsere Natur ist nun einmal so »gestrickt«, dass wirklich nur eine tief greifende positiv-konstruktive Reform unseres Denkens und Handelns die äußeren Lebensumstände wirklich und wahrhaftig dauerhaft verändern kann. Allerdings ist die Änderung des Bewusstseins, wie Sie inzwischen wissen, keine ganz einfache Angelegenheit, die man mal eben so mit »links« erledigt,

eben weil sie einer ständigen Kontrolle und Wachsamkeit bedarf.

Erschwerender Weise kommt noch hinzu, dass der Durchschnittsmensch in der Regel aber auch recht träge ist und von Natur aus meist dazu neigt, der Richtung des geringsten Widerstands zu folgen. Normalerweise geht er den Weg der Bewusstseinsveränderung in der Regel erst dann, wenn alle anderen Versuche, etwas zu retten, endgültig fehlgeschlagen sind. Aber auch dann ist es noch nicht zu spät und einen dauerhaften Versuch wert, denn die Belohnungen und Erkenntnisse, die auf einen warten, sind einfach großartig. Wer wirklich intensiv mit und an sich selbst arbeitet, dem wird der Erfolg nämlich nicht nur auf jenem Gebiet begegnen, welches er bearbeitet hat, sondern sich darüber hinaus auch auf sein gesamtes Leben auswirken.

## Abraham Lincoln

Sicher ist Ihnen Abraham Lincoln, einer der berühmtesten Namen in der langen Reihe amerikanischer Präsidenten, ein Begriff. Auch er musste viele bittere Niederlagen akzeptieren, verdauen und überwinden, bis er endlich sein großes Ziel, Präsident der Vereinigten Staaten zu sein, erreicht hatte. Mit 31 Jahren erlitt er zum Beispiel eine geschäftliche Pleite, mit 32 seine erste politische Wahlniederlage auf Kommunalebene, mit 34 ereilte ihn die nächste wirtschaftliche Pleite, mit 35 Jahren verlor er einen geliebten Menschen, dem im 36. Lebensjahr zu allem Überfluss auch noch ein Nervenzusammenbruch folgte. Wieder erholt und ohne Unterlass an sich und an seine Erfolge glaubend, verlor er mit 38,

43, 46 und 48 Jahren insgesamt vier weitere wichtige Wahlen sowie zum allem Überfluss mit 55 Jahren wieder den kurz zuvor endlich erreichten Senatorenplatz im Kongress der Vereinigten Staaten. Mit 56 Jahren bewarb er sich, nachdem er kurz zuvor wieder in den Senat zurückgekehrt war, um den Posten des Vizepräsidenten und – verlor! Mit 60 Jahren war es dann aber dank seinem unendlichen Durchhaltevermögen, seinem Glauben an sich und seine Talente und Fähigkeiten endlich soweit: Abraham Lincoln wurde Präsident der Vereinigten Staaten von Amerika. Wie sagte Henry Ford einst ganz richtig: »Ob du es glaubst oder nicht, dass es dir gelingt, du wirst immer Recht behalten!«

## Madeleine schafft ein Wunder

Vor einigen Monaten erzählte mir eine ehemalige Seminarteilnehmerin aus dem Norden Deutschlands eine hoch interessante Geschichte, welche sie selbst kurz zuvor erlebt hatte und die sie als die wohl härteste Prüfung bezeichnete, die sie je durchzustehen hatte. Sie belegt klar und deutlich, dass das Universum sehr oft das bisher Gelernte »prüft«, einen dabei an seine äußersten Belastungsgrenzen führen kann, danach aber auch mit fürstlichen Belohnungen aufwarten kann. Aber lesen Sie selbst.
Madeleine, 33 Jahre jung, ledig, hatte einen Versandhandel mit Naturkosmetikartikeln gegründet und deshalb ihren sicheren Job in einem großen Verlagshaus kurzerhand an den Nagel gehängt. Ein Freund streckte ihr etwa 50.000 Mark Startkapital vor, denn – so schien es – sie hatte ein glückliches Händchen gehabt und

einen Geschäftspartner gefunden, der mit sage und schreibe 350.000 Mark in diesen Versandhandel mit einsteigen wollte. Er selbst tätigte große Immobiliengeschäfte und hatte seine Einlage innerhalb von zwei Monaten fest avisiert. Die Sache schien also sehr einfach zu sein, sie musste, bis das große Geld eintraf, nur diese ersten zwei Monate überbrücken, und auch ihr Bekannter, der ihr unter diesen Umständen das Startkapital von 50.000 Mark gerne vorstreckte, war felsenfest davon überzeugt, sein eingesetztes Kapital, aufgrund der schriftlichen Zusage des Immobilienhändlers, nach acht Wochen mit immerhin zehn Prozent Verzinsung wieder zurückzubekommen. Aber, erstens kommt es oft bekanntlich anders und zweitens als man denkt.

## Erste Probleme

Aufgrund einiger so genannter »Zufälle« liefen die Geschäfte des Immobilienhändlers ganz plötzlich allerdings nicht wie gewünscht, vor allem jenes Auslandsobjekt, für das bereits der feste notarielle Vorvertrag existierte und dessen Erlös die 350.000 Mark Finanzspritze für Madeleine sein sollten, musste ganz plötzlich rückabgewickelt werden. Auch fand sich plötzlich kein einziger Neuinteressent für das besagte Immobilienobjekt, obwohl die Kaufinteressierten Wochen zuvor noch in Doppelreihen Schlange standen. Kurz und gut, die zwei Monate vergingen, ohne dass die zugesagte Summe von 350.000 Mark eintraf. Madeleine wusste zwar, dass das Objekt – eine große Villa mit 20 Ar Grund am Lago Maggiore – eine echte Okkasion war, aber was nutzt die beste Gelegenheit, wenn nie-

mand da ist, der diese zu schätzen respektive zu kaufen gedenkt.
Zwischenzeitlich hatte Madeleine das Startkapital, das ihr der Freund zur Verfügung gestellt hatte, bereits voller Enthusiasmus in einen Verkaufsprospekt mit 28 Seiten und ein Mailing von etwa 50.000 Exemplaren gesteckt, worauf natürlich auch eine Menge Bestellungen eingingen, aber sie musste schließlich auch Waren einkaufen, ihre Miete bezahlen und ihren Lebensunterhalt bestreiten. Langsam legte sich also der imaginäre Strick der Angst immer enger um ihren filigranen Hals, und die Nächte, in denen sie richtig schlief, wurden von Woche zu Woche immer weniger. Trotzdem schob ihr Bekannter, der ihr bereits das Startkapital schon vorgestreckt hatte, nach zweieinhalb Monaten nochmals 10.000 Mark nach, wovon sie wieder etwa drei Monate leben konnte, und außerdem hörte sie von ihrem Immobilienhändler zur gleichen Zeit, dass ein neuer, ganz heißer Interessent zugesagt hätte und demnächst zum Kaufvertrag beim Notar erscheinen würde. Sie können sich sicher denken, wie es weiterging. Richtig geraten, auch der neue Interessent stellte sich als »Flop« heraus, und so stand schließlich Madeleine nicht nur vor dem Konkurs, sondern hatte natürlich auch noch mit der Tatsache zu kämpfen, ihren guten Freund, der die insgesamt 60.000 Mark Vorschuss gegeben hatte, mit in die Pleite zu ziehen.

## Es wurde immer enger

Je enger die Situation also wurde, desto größer wurde auch ihre Angst. Anfangs weinte sie noch bittere Tränen, aber nachdem die Drüsen nach einigen Wochen nichts mehr herzugeben schienen, starrte sie nur noch kopfschüttelnd vor sich hin, und die schiere Verzweiflung war in der Folge Tag für Tag ihr ständiger Gefährte.

Sie tat sich abwechslungsweise unendlich leid, haderte mit sich, warf sich Blauäugigkeit vor, hielt sich für eine notorische Versagerin, zweifelte an ihrer Kompetenz, überhaupt ein Geschäft führen zu können, und ihr einstiges Selbstvertrauen war nach wenigen Wochen nur noch ein Schatten früherer Tage. Obwohl sie immer schon bis über die Haarspitzen motiviert war, regelmäßig Selbsterfahrungs- und Motivationsseminare besuchte, Bücher über diesen Themenkreis geradezu verschlang wie andere gesalzene Erdnüsse und fest zu wissen geglaubt hatte, wo es im Leben langgeht, verteufelte sie nun alles, was sie gelernt hatte, in Bausch und Bogen.

In dieser Situation rief ich sie – ohne etwas von diesen Vorgängen zu wissen – eines Abends an, um sie nach einer Telefonnummer eines meiner Seminarteilnehmer zu fragen, der kürzlich umgezogen war und den sie sehr gut kannte. Zuerst tat sie am Telefon so, als wäre alles in bester Ordnung. Sie kennen ja die Floskel: »Hallo Madeleine, wie geht's?« Antwort: »Super, danke und selbst?« Aber so nach und nach fiel mir die Depression in ihrer Stimme, die ich ganz anders in Erinnerung hatte, auf, und ich traf, nachdem ich einige Zeit gebohrt hatte, dann schon sehr auf den blanken Nerv.

## Sie kannte nur noch Selbstmitleid

Etwa eine halbe Stunde hörte ich ihr zu, um mir die gesamte Story ausführlich und in allen Details berichten zu lassen. Anschließend fragte ich sie dann, wie sie der

Situation im Moment geistig begegnen würde, ahnte aber schon, dass sie das konstruktive Denken schon vor Wochen aus Frust eingestellt hatte. Darauf las ich ihr – nachdem ich sie fragte, ob sie meine Hilfe überhaupt wünsche und sie dies etwas kleinlaut bejahte – den nun folgenden Abschnitt aus dem Buch »Der fünfte Berg« von Paulo Coelho (Zürich 1998) vor:
»Manchmal ist es notwendig, mit Gott zu kämpfen. Alle Menschen mussten irgendwann in ihrem Leben ein Unglück durchmachen. Es konnte die Zerstörung einer Stadt sein, der Tod eines Kindes, eine unbegründete Anklage, eine Krankheit, die sie für immer zum Invaliden macht. In diesem Augenblick forderte sie Gott heraus, sich ihm zu stellen und ihm seine Frage zu beantworten: ›Warum klammerst du dich so sehr an ein Leben voller Leiden? Welchen Sinn hat dein Kampf?‹
Der Mensch, der darauf keine Antwort hatte, schickte sich dann darein. Während der andere, der für sein Leben einen Sinn suchte, sein eigenes Schicksal herausforderte, weil er fand, dass Gott ungerecht gewesen war. Das war der Augenblick, in dem ein anderes Feuer vom Himmel herabkam – nicht jenes, das tötet, sondern jenes, das die alten Mauern einreißt und jedem Menschen seine wahren Möglichkeiten gibt. Die Feiglinge lassen niemals zu, dass ihr Herz von diesem Feuer entflammt wird. Sie wollen nur, dass alles wieder so wird wie vorher, damit sie so leben und denken können, wie sie es gewohnt waren. Die Tapferen jedoch werfen alles, was alt war, ins Feuer und geben, wenn auch unter Schmerzen, alles auf, sogar Gott, und schreiten voran.
Die Tapferen sind immer starrsinnig.
Vom Himmel lächelt der Herr zufrieden – weil es genau dies war, was er wollte, nämlich dass jeder die Verant-

wortung für sein Leben in die eigenen Hände nahm. Schließlich war dies die größte Gabe, die er seinen Kindern gegeben hatte: Die Fähigkeit, selbst zu wählen und zu bestimmen. Nur Männer und Frauen mit der heiligen Flamme im Herzen hatten den Mut, sich ihm zu stellen. Und nur sie kannten den Weg, zurück zu seiner Liebe, weil sie am Ende begriffen hatten, dass das Unglück keine Strafe, sondern eine Herausforderung war.«

## Die Ängste überwinden

Ich erklärte Madeleine auch, dass sie sich aller Wahrscheinlichkeit nach inmitten einer ihrer Schlüsselherausforderungen ihres Lebens überhaupt befinden würde und es gerade jetzt galt, durchzuhalten, stark zu sein und an einen guten Ausgang der Angelegenheit zu glauben, auch wenn im Außen nicht der Anschein einer realistischen Chance für eine positive Wende bestehen würde. Nochmals zitierte ich Coelho: »Die Zeit der Angst und des Wartens ist vorbei, jetzt gibt es nur entweder den Wiederaufbau oder die Niederlage.«
»Du hast Recht«, antwortete sie, begleitet von einem tiefen Seufzer, der aus den tiefsten Tiefen ihres Bewusstseins heraufzupoltern schien. »Ja«, sagte ich, »natürlich kann ich leicht reden, aber ich habe zumindest die Kompetenz, dies zu tun, denn du weißt, dass auch ich schon zwei ähnliche Situationen in meinem Leben zu meistern hatte und daher weiß ich auch, dass die Lösung erst dann kommt, wenn man durch die Verzweiflung bereits durchgegangen, alles losgelassen, um nicht zu sagen, bereits zu 99,9 Prozent aufgegeben hat. Wir alle, die wir mit den einschlägigen Büchern arbeiten, sind nämlich

so lange theoretische Klugschwätzer und Möchtegern-Experten, bis wir es wirklich einmal geschafft haben, jene entscheidenden Herausforderungen in unserem Leben, die uns bis tief in unsere innerste Substanz berühren können, durchgestanden und siegreich hinter uns gelassen haben. Dazu nochmals Paulo Coelho: »Jeder Mensch hat das Recht, an seiner Aufgabe zu zweifeln und sie hin und wieder aufzugeben; was er allerdings nicht tun darf, ist, sie zu vergessen. Wer nicht an sich selbst zweifelt, ist unwürdig, weil er seiner Fähigkeit blind vertraut und sich aus Stolz versündigt. Gesegnet sei der, der Augenblicke der Unentschlossenheit durchlebt.«

## Es machte »klick«

Während ich ihr diesen Abschnitt vorlas, war es mucksmäuschenstill am anderen Ende der Leitung. »Bist du noch dran?« fragte ich deshalb. »Ja natürlich«, kam die Antwort, »sorry, aber ich glaube, ich habe wohl erst während dieses Gesprächs richtig begriffen, worum es eigentlich geht.« »Gratuliere«, sagte ich, »wenn das wirklich der Fall ist, dann hast du bereits gewonnen, denn jetzt kannst du den Rest in aller Ruhe dem Universum überlassen. Und verlasse dich darauf, der Sinnspruch ›Immer dann, wenn die Nacht am dunkelsten ist, ist der neue Morgen am nächsten‹ stimmt wirklich, allerdings muss man das mit dem Herzen erfassen und nicht mit dem Kopf. Und meist funktioniert es nur dann, wenn man das eigene Herzblut schon drangegeben hat.«
Plötzlich spürte ich intuitiv, wie sie zu verstehen und

auch wieder zu hoffen begann, denn urplötzlich antwortete sie mit einer viel selbstbewussteren Stimme und es war wirklich offensichtlich, dass in ihr ein ganz entscheidender »Klick« stattgefunden hatte. Als ich auflegte, wusste ich, dass es eine gute und perfekte Lösung für sie geben würde und dies schon recht bald.

## Die lieben Eltern

Zunächst fragte sie ihre Eltern – bisher hatte sie sich das noch nicht getraut –, ob sie, die recht wohlhabend waren, ihr die Summe quasi als Überbrückungsdarlehen vorschießen könnten. Den Mut zu diesem Gespräch hatte sie am Abend zuvor während unseres Telefonates gefasst und sie glaubte nun fest, dass dies einfach klappen müsse, obwohl sie ihren Vater eigentlich besser kannte. Aber es kam auch diesmal ganz anders. Obwohl sie den Eltern die Situation ausführlich schilderte und während des Gesprächs mit Ihnen per Fax von ihrem designierten neuen Kompagnon die Nachricht erhielt, dass ein Käufer für die Villa nun endlich gefunden und der Notartermin drei Tage später verbindlich feststand, war ihr Vater unerbittlich und stur. Er, der Millionen besaß und jede Menge Bargeld auf der Bank liegen hatte, erklärte ihr, begleitet vom permanenten Kopfnicken der Mutter, dass er nicht im Traum daran denke, ihr auch nur 1000 Mark zu geben. Im Gegenteil, sie solle sich möglichst schnell die Flausen, eine geschäftstüchtige Unternehmerin zu werden, aus dem Kopf schlagen, schnellstens Konkurs anmelden und sich anschließend wieder einen sicheren Job irgendwo im Angestelltenverhältnis zu suchen. Danach betrachteten die Eltern das Gespräch für beendet und gingen locker, als hätte man sich gerade über das Wochenendwetter unterhalten, zu der schwerwiegenden Frage, in welchem Restaurant man sich am Sonntag zum Mittagessen treffen könnte, über.

## Der Frust hielt sich in Grenzen

Als Madeleine mich dann später anrief, um mich über das Gespräch zu unterrichten, meinte sie: »Glauben die allen Ernstes, ich hätte in dieser Situation und nach diesen Antworten auch nur die geringste Lust, mit ihnen essen zu gehen?« Natürlich war sie bitterlich enttäuscht ob der Kälte, Gleichgültigkeit und Borniertheit, mit der ihre Eltern sie kalt lächelnd in den Konkurs schicken wollten, welcher ihr mit Sicherheit über Jahre hinweg, rein finanziell betrachtet, nur noch ein sehr eingeschränktes Leben erlaubt hätte. Trotzdem war sie noch recht gut drauf, denn sie sagte mir, dass sich dadurch auch ein über Jahre schwelender Eltern-Kind-Konflikt geklärt hätte und sie nun endlich den Mut hätte, sich ihren Eltern gegenüber deutlich abzugrenzen. Mit diesem Gespräch wollte sie allerdings noch so lange warten, bis ihre berufliche und finanzielle Situation zu einer endgültigen Klärung gekommen wäre. Zwei Tage später kam allerdings der nächste Hammerschlag. Der Käufer der Villa hatte den Notartermin platzen lassen und alle Anzeichen standen somit anscheinend endgültig auf Richtung Konkurs.
Am nächsten Tag suchte sie ihren Steuerberater auf, um endgültig über die Abwicklung des Konkurses zu sprechen. Dieser bat sie, ihm die notwendigen Unterlagen

zu überlassen, und stellte ihr die Fertigstellung des Konkursantrages auf zwei bis drei Tage später in Aussicht. Danach würde dann alles seinen Weg gehen.
Eigentlich, so sagte sie mir damals, fühlte ich mich richtig erleichtert, als ich das Büro meines Steuerberaters verließ, denn nun war zumindest eine endgültige Entscheidung gefallen und es gab endgültig keinerlei Hoffnungsschimmer mehr auf irgendeine andersgeartete Wende in diesem Fall.
Wenn einen das Universum aber einmal so richtig »am Wickel« hat, dann ist nichts endgültig und vorauszusehen, andererseits sind aber auch Wunder nicht auszuschließen, im Gegenteil: Diese werden sogar immer wahrscheinlicher.

## Die Wende

So auch im Falle von Madeleine. Etwa 30 Stunden, nachdem sie beim Steuerberater den Konkursantrag gestellt hatte, überschlugen sich plötzlich die Ereignisse. Es begann damit, dass einer ihrer Gläubiger anrief, dem sie natürlich die Wahrheit nicht länger vorenthalten konnte und dem sie in diesem Gespräch von ihrem Konkursantrag berichtete. In diesem Telefonat kam dann auch das Gespräch mit den Eltern und die brüske Zurückweisung durch Vater und Mutter in Sachen Überbrückungskredit aufs Tablett. »Denen sollte man es allerdings zeigen«, meinte der Hauptgläubiger, dem sie immerhin 50.000 Mark schuldete. »Wissen Sie was, denen beweisen wir, was Menschen vermögen, wenn sie nichts anderes mehr haben als nur noch einen Funken Hoffnung. Ich weiß sehr wohl, dass Sie eine junge Frau mit viel Power,

Energie und einem unbändigen Willen zum Erfolg sind. Ich jedenfalls habe Sie immer so wahrgenommen. Was halten Sie davon, wenn ich Ihr neuer Geschäftspartner werde? Ich stunde Ihnen nicht nur Ihre Schulden bei mir, bis wir das Geld gemeinsam erwirtschaftet haben, sondern pumpe statt dem etwas unsicheren Immobilienkaufmann meinerseits die 350.000 Mark in Ihre Firma, damit können Sie dann Ihre restlichen Schulden bezahlen und haben immer noch genügend übrig, um Ihre Firma in Schwung zu bringen. Nun, was denken Sie darüber?«
Madeleine war perplex, innerhalb von Sekunden wurde es ihr schlecht vor Freude, vor ihren Augen schienen Milliarden von Sternen zu explodieren und die Tränen der Freude schossen ihr wie Sturzbäche über die Wangen. »Natürlich bin ich damit einverstanden«, stammelte sie und fünf Minuten später hatte sie bereits einen Besprechungstermin mit ihrem ehemaligen Gläubiger und designierten Kompagnon für den selbigen Tag anberaumt, an dem die Einzelheiten der geplanten Zusammenarbeit besprochen werden sollten.

## Sie feierte ihren Sieg

Ich weiß es noch, wie wenn es gestern gewesen wäre: Es war nachts um halb eins, als ich von einem Vortrag in einer Buchhandlung in Reutlingen nach Hause kam und Madeleines Nachricht auf meinem Anrufbeantworter vorfand. Ich könne sie notfalls auch um drei Uhr früh zurückrufen, meinte sie, aber ich solle mich in jedem Falle sofort bei ihr melden, sobald ich zu Hause wäre. Als ich dann auch umgehend zurückrief, erzählte sie mir natürlich die ganze Story, inklusive des genauen Ablaufes des Termins mit ihrem Gläubiger, der ganz hervorragend verlief und zwei Stunden später in einem Glas Champagner und der Übergabe eines Schecks in Höhe von 350.000 Mark gipfelte. Nach einer Stunde bat ich sie dann – denn ich war hundemüde und konnte nur noch mit Mühe die Augen offen halten – im Moment einen »Break« zu machen und das Gespräch doch am nächsten Tag zu einer etwas christlicheren Zeit weiterzuführen. Außerdem war mir natürlich auch ein leichtes »Lallen« bei ihr nicht verborgen geblieben, für das ich volles Verständnis hatte, denn auch ich hätte in dieser Situation mit Sicherheit reichlich dem Champagner zugesprochen.

Als wir dann beide ausgeschlafen hatten, meldete ich mich wieder bei ihr und wir kamen dann auch schnell auf das Thema Eltern und was sie nun tun sollte.

## Wut ist ein schlechter Ratgeber

Natürlich war sie immer noch tief verletzt, aufgrund des negativen Gespräches, das ja noch keine Woche zurücklag. Sie hatte sich auch schon einen »Racheplan« zurechtgelegt, den sie mir nun »brühwarm« unterbreitete. Weil aber Rache ein schlechter Ratgeber ist, gab ich ihr den folgenden Rat: Ich sagte ihr, dass es dumm wäre, nun das Kind mit dem Bade auszuschütten, denn schließlich wäre es doch die schönste und wirkungsvollste Retourkutsche den Eltern gegenüber, im Laufe der Jahre per Leistung zu zeigen, was in ihr steckte und ihnen damit zu zeigen, wie sie sich in ihr täuschten und wie schwach ihr Verhalten ihr gegenüber gewesen sei.

Was ich aber in jedem Fall tun würde: Erzähle deinen Eltern ruhig von der Entwicklung der letzten Tage und mache ihnen klar, dass du dich niemals mehr mit der Bitte um Geld an sie wenden würdest. Ich riet ihr auch, ihnen deutlich zu sagen, wie sehr sie deren Verhalten verletzt hätte und wie sehr sie von ihnen enttäuscht sei, denn schließlich hätte sie niemals zuvor um Hilfe gebeten. Ich riet ihr allerdings auch, zunächst noch gar nichts zu sagen, sondern noch fünf oder sechs Nächte darüber zu schlafen, um keine unnötigen und überzogenen Emotionen aufkommen zu lassen und den Eltern dadurch eine Angriffsfläche gegen sie zu bieten. Als das Gespräch dann zehn Tage später über die Bühne ging, ließ sie zwar ein nachdenklich gewordenes Elternpaar zurück, aber sie hatte wenigstens kein Porzellan zerschlagen. Dies war sehr wichtig, denn Sie wissen ja, liebe Leser: »Was ich aussende, kommt irgendwann auch einmal wieder verstärkt zu mir zurück.« Und deshalb ist es immer gut, sich die Frage zu stellen: »Will ich das, was ich da säe, eines Tages auch als Ernte wieder zurückbekommen?« Wichtig ist aber auch gerade in einem Eltern-Kind-Verhältnis, die Türe für eine spätere Versöhnung offen zu lassen, denn auch Vergebung gehört zum Leben. Wer auch immer einen Fehler gemacht hat: Diese Tür sollte man niemals leichtfertig zuschlagen.

## Das Resümee

Soweit also die Geschichte von Madeleine. Lassen Sie uns nun im Anschluss eine Art Resümee ziehen und uns die Story unter dem Aspekt »Das Leben leben kann man nur vorwärts, das Leben verstehen nur rückwärts« analysieren. Merken Sie sich bitte: Wenn Sie sich über ein Lebensziel im Klaren sind, dann müssen Sie auch aktiv damit beginnen, darauf zuzugehen. Sich hinzusetzen, darüber zu meditieren und zu imaginieren ist ein wichtiges Bein. Um aber wirklich fest auf dem Boden der Tatsachen stehen zu können, brauchen Sie nun mal zwei Beine. Madeleine tat dies lange Zeit nicht, erst als alle vermeintlich äußeren Sicherheiten gegeben waren und das Risiko kalkulierbar war, wagte sie es auch im Außen, eine Veränderung anzustreben, nämlich das zweite Bein, das »Tun« heißt, zu aktivieren und einzusetzen. Das Universum gibt Ihnen immer alles, was Sie wollen, wenn Sie sich nicht scheuen, alles auf eine Karte zu setzen und unerschütterlich fest an Ihre eigene Kraft und damit automatisch auch an die Kraft des Universums zu glauben und darauf zu vertrauen, dass es alles richten wird, wenn Sie Schritt für Schritt Ihr Tempo dem seinen angleichen. Die Herausforderung und die Niederschläge, die Ihnen auf diesem Weg begegnen werden, sind jene dringend notwendigen Schleifsteine, die aus einem Rohdiamanten erst einen wertvollen Einkaräter entstehen lassen. Die Herausforderungen und Prüfungen vorauszuplanen und sich vor ihnen abzusichern ist schlicht nicht machbar, denn dann wäre ja dieser Schleif- und Bearbeitungsprozess nicht in dem Maße möglich. Madeleine ging also ihren ureigenen Weg. Dieser Weg ist individuell völlig verschieden, aber eines kann er jedem Menschen zeigen: Das Universum lässt niemanden wirklich im Stich, der sich dem Leben und seiner Berufung stellt. Paulo Coelho schreibt zu diesem wichtigen Themenkreis übrigens in »Der fünfte Berg« (Zürich 1998): »Das Leben besteht nicht aus Wünschen, sondern aus Taten.«

# Gib niemals auf

Was wirklich wichtig ist: Niemals aufgeben. Niemals das Ziel aus den Augen verlieren. Denn die große Prüfung »Wie wichtig ist es dir wirklich, dieses Ziel zu erreichen«, kommt so sicher, wie das Amen in der Kirche, und jeder Unternehmer kann Ihnen sicherlich ein Lied davon singen. Ich weiß, dass ein wirklicher Erfolg im Leben nichts anderes als ein seelisches »Bungee-Jumping« ist, aber ich weiß auch, wie stark und wie selbstsicher es machen kann, wenn man sich darauf bewusst einlässt.
Im Grunde genommen geht es bei allen diesen Selbstfindungsprozessen – und nichts anderes ist es, was uns da widerfährt – darum, unser Ego loszulassen und das Vertrauen in die seelisch-geistige Führung zu verstärken. Dies ist letztendlich das Ziel jedes Menschen.
Ein mir bekannter Erfolgstrainer aus der Schweiz sagte einmal zu mir: »Ich glaube, das Universum hat wahnsinnig viel Humor, weil es uns letztendlich immer genau jene Lösungen präsentiert, die uns im wahrsten Sinne des Wortes umhauen und an die wir nicht einmal im Traum gedacht hätten. Aber genau dieser Umstand ist es ja letztendlich, den wir dann als ›Wunder‹ bezeichnen und verstehen. Wäre es etwas, was wir bereits geistig in Betracht gezogen hätten, so würde uns doch sehr schnell wieder der Kamm schwellen. Wir würden dann sofort wieder glauben, all dies hätten wir unserer eigenen Intelligenz zu verdanken, wodurch wir den eigentlich geplanten Lernschritt natürlich prompt verpassen würden.«
Mit dieser Aussage hat er den Nagel auf den Kopf getroffen. Was glauben Sie, hätte Madeleine wirklich so viel gelernt und hätte sie sich jemals von ihren Eltern ab-

genabelt, wenn das avisierte Geld wirklich zwei Monate später als geplant eingetroffen wäre? Was auch geschieht im Leben, es enthält meist eine ganze Reihe von Entwicklungsschritten, die uns weit über unsere eigenen Grenzen hinausführen, sich in der Rückschau dann aber als Segnungen für die Persönlichkeitsentwicklung herausstellen. Madeleine jedenfalls weiß künftig, was sie zu tun hat, sollte sie wieder einmal in eine schwierige Situation kommen. Sie weiß aber auch, dass es durchaus nochmals tief in den Keller der Angst und der Gefühle gehen kann. Ihr Vertrauen aber wird niemals mehr so klein und gering sein, wie in jenen Tagen der schieren Verzweiflung. Und genau darum ging es, um nichts anderes.

# 10. Kapitel

- Man muss eben manchmal erst durch den Schmerz gehen

- Der Schock

- Gott wird wieder modern

- Das Gebet

- Was ist wissenschaftliches Beten?

- Die Wahrheit des Seins

- Treffen Sie Ihre Wahl

- Ein Wort lässt sich nicht zurückholen

- Wie man Krankheiten vermeidet

- Benutzen Sie Ihren Fallschirm

- Lerne deine Feinde lieben

# Was ein »Wunder« alles bewirken kann

Eine Freundin von mir, die nach ihrer eigenen Aussage eine »strenge Atheistin« war und das konstruktive Denken und jegliche Art von geistiger und spiritueller Arbeit pauschal als »großen Schmarrn« bezeichnete, sagte einmal nach einer langen Diskussion zu mir: »Okay, beim nächsten Mal werde ich es mit diesem Höheren Selbst einmal versuchen, vielleicht kannst du mich ja doch noch überzeugen.« Diese Aussage tätigte sie damals allerdings in der festen Überzeugung, mir sehr schnell schon beweisen zu können, dass es sich dabei mit Sicherheit nur um einen Blödsinn handeln könne. Am Ende des nächsten Monats – sie war seit Jahren schon in ständigen Geldschwierigkeiten – war wieder einmal vollkommene Ebbe in ihrem Geldbeutel, und so tat sie in ihrer Not genau das, was ich ihr einige Wochen zuvor riet, nämlich die perfekte Lösung zu bejahen und nicht weiter an ihr Problem zu denken. Wie heißt es doch so schön: In der Not frisst auch der Teufel Fliegen.
Am übernächsten Tag schon klingelte das Telefon just in dem Moment, als sie mit ihren geistigen Übungen wieder einmal fertig war. Ein Freund ihres Mannes rief

an und eröffnete ihr, dass er soeben mit der Post einen Scheck über 500 Dollar bekommen hätte. Dieser Scheck stammte von einem gemeinsamen Bekannten aus Amerika, der acht Wochen zuvor auf dem Weg nach Italien mehrere Tage zu Besuch war und der sich damit bei beiden Gastgeberfamilien für die freundliche Aufnahme erkenntlich zeigen wollte. Er fragte sie, ob sie die Hälfte des Betrags in Mark oder Dollar haben wolle? Als sie mich anrief, war sie natürlich immer noch skeptisch und erklärte mir, dass es beileibe nicht schon ihre Bejahung gewesen sein könnte, die ihr diese 250 Dollar zugespielt hätte.

Ich riet ihr, ohne auf ihre Frage einzugehen, das Experiment doch einfach noch so lange weiterzuführen, bis sie bei einer anderen Gelegenheit begreifen und verstehen würde, dass es wirklich den so genannten »Zufall« nicht gibt. Etwa zwei Wochen später gestand sie mir dann, dass sie langsam auch an Wunder glauben würde, weil erstens der Freund aus USA meinte, als er sich auch bei ihr telefonisch meldete: »Ich hatte auf einmal das dringende Gefühl, mich bei euch bedanken zu wollen«, und zweitens, weil offensichtlich ihre Bejahung und sein »dringendes Gefühl« fast auf dieselbe Stunde gefallen sein mussten.

## Man muss eben manchmal erst durch den Schmerz gehen

Vier Wochen später erkrankte ihr Kind sehr schwer, das Mädchen war eineinhalb Jahre alt und bekam plötzlich sehr hohes Fieber. Das Kind war durch nichts zu beruhigen und brüllte Tag und Nacht ununterbrochen. Am

Abend des zweiten Tages war sie so erschöpft und fertig mit den Nerven, dass sie das Kind, obwohl es weiterhin schrie und brüllte, einfach ins Bett legte, um sich selbst auch ein wenig auszuruhen. Sie war körperlich völlig am Ende, denn sie hatte seit fast 24 Stunden nicht mehr geschlafen und nur das Kind auf dem Arm spazieren getragen und beruhigt. Da erinnerte sie sich in ihrer Verzweiflung an unser Gespräch über das konstruktive Denken und in diesem Zusammenhang auch an meine Aussage, dass der 23. Psalm der Bibel auch der große Psalm des Schutzes genannt wird. Sie sagte sich daraufhin: Wenn dies alles wirklich stimmt und hilft, dann kann ich doch sicher auch für mein Kind beten. Also sprach sie:
»Der Herr ist mein Hirt, mir wird nichts mangeln, auf grünen Auen lässt er mich lagern, zur Ruhestatt am Wasser führt er mich. Er stillt mein Verlangen, er leitet mich auf rechtem Pfad um seines Namens Willen. Und ob ich schon wandelte im Tale der Todesschatten, so fürchte ich doch kein Unglück, denn du bist bei mir, dein Stecken und Stab trösten mich. Du deckst mir den Tisch im Angesicht meiner Feinde, du salbst mein Haupt mit Öl und schenkst mir den Becher voll ein, nur noch Glück und Gnade werden mir folgen all meine Tage und ich werde in des Herrn Hause weilen mein Leben lang.«
Während sie dieses Gebet sprach, visualisierte sie vor ihrem geistigen Auge ihr Kind als gesund, fröhlich, geheilt und lachend. Sie erzählte mir weiter, dass sie diesen Psalm dann etwa 15 Minuten lang mit der tiefen Inbrunst einer Mutter, die ihr Kind von ganzem Herzen liebt, wiederholte.

# Der Schock

Auf einmal – sie war inzwischen in eine Art Halbschlaf gesunken – zuckte sie zusammen, denn sie registrierte geradezu entsetzt, dass es urplötzlich im ganzen Haus mucksmäuschenstill war. Die nackte Angst kroch in ihr hoch, und voller Panik stürzte sie – das Schlimmste befürchtend – ins Kinderzimmer, denn eine solche Ruhe gab es nun schon seit zwei Tagen nicht mehr in ihrem Haus. Als sie aber dann ihre Kleine friedlich am Schnuller nuckelnd schlafen sah, begriff sie plötzlich, was geholfen hatte, und weinte vor lauter Glück und Erleichterung. Dadurch löste sich die ganze Spannung in ihr, denn sie fühlte unmissverständlich, dass ihre Bejahung, also ihr Gebet, tatsächlich geholfen haben musste.
Am nächsten Morgen gegen zehn Uhr – beide hatten fast 14 Stunden tief und fest geschlafen – erwachte ihr Kind dann mit fast zwei Grad weniger Temperatur, und von da an wurde die Kleine immer gesünder und fröhlicher.
Später sagte die Mutter zu mir: »Leider musste sehr viel passieren, bevor ich meine Borniertheit den geistigen Gesetzen gegenüber ablegen konnte. Aber nun weiß ich um die Kraft in meinem Innern und ich bin von Herzen dankbar dafür.
Zwei Monate später trafen wir uns – natürlich rein »zufällig« – in einer Buchhandlung mitten in Stuttgart, wo ich sie bei der »Plünderung« der Abteilung Lebenshilfe überraschte. Sie erzählte mir euphorisch, was inzwischen in ihrem Leben alles geschehen war und dass sie seit Wochen schon jeden Morgen ganz konsequent ihre Affirmationen und Imaginationen durch-

führen würde. Ihr Mann, der sich nach dem auch für ihn ganz einschneidenden Erlebnis mit der Tochter, von dem ihm seine Frau natürlich berichtete, ebenfalls dazu entschlossen hatte, ab sofort ein tägliches konstruktives »Arbeitsprogramm« einzuschieben, war inzwischen nicht nur bei mir in meinem Drei-Tages-Aktivseminar und hatte dort einige ganz dicke geistige Blockaden auflösen können, sondern er war auch im Anschluss daran die berufliche Leiter eine Stufe hinaufgeklettert. Auch er ist inzwischen – fast überflüssig zu erwähnen – ein begeisterter Anhänger des konstruktiven Denkens geworden.

Manchmal frage ich mich ernsthaft, warum erst derartig dramatische Notsituationen eintreten müssen, bevor der Mensch seine innere Kraft entdeckt und wahrnimmt. Aber manchmal will oder muss uns eben das Leben zuerst mit der Nase ganz schmerzlich auf gewisse Dinge stoßen, damit wir erkennen, welche immensen Kräfte und Hilfen uns tagtäglich zur Verfügung stehen können.

## Gott wird wieder modern

Zwischenzeitlich ist es auch wieder »in«, sich öffentlich zu Gott zu bekennen. Nicht zuletzt die Lebenshilfeliteratur hat dazu beigetragen. Es ist bestimmt kein Zufall, dass die Menschen sich zwischenzeitlich wieder mehr zu Gott hingezogen fühlen – trotzdem aber die Kirche ganz vehement meiden. Es ist auch längst nicht mehr so wie noch vor Jahren, wo es zwar völlig normal war, sich gegenseitig zu erzählen, dass man sich in einer Notsituation an Gott gewandt hatte.

Aber wehe, jemand berichtete, dass er eine Antwort erhalten hätte.
In dem Buch »Jesus 2000« (Fichtenau 1997) schreibt Hannes Holey unter der Überschrift »Gebet«: »25 Prozent der Deutschen beten täglich, 27 Prozent beten nie. Das stellte Focus in seiner Umfrage für die Ausgabe 15/1996 fest.« Ein Bericht der »Vertraulichen Mitteilungen« vom 3.11.1992 sagt dagegen: »In den USA sind aktuell (1992) rund 2000 Buchtitel auf dem Markt, die sich mit Gebet und Meditation befassen. Das sind dreimal mehr als beispielsweise Titel, die sexuelle Themen betreffen. Laut Gallup-Institut bekennen sich 91 Prozent der Frauen und 85 Prozent der Männer dazu, dass sie beten.« Beten heißt, in Verbindung mit seinem göttlichen Ursprung zu treten. Noch bis vor einem Jahrhundert konnte man definieren: »Beten ist die mit Worten und begleitenden Handlungen – Gebärden wie Niederknien und Händefalten – verbundene Anrede einer als Person gedachten Gottheit. Heute erlaubt die höhere Vorstellungskraft einer kirchenbefreiten Christenheit und Menschheit den Glauben an eine höhere Kraft in einer unvorstellbaren Vielfalt von Verständnismodellen.«
Einer der wichtigsten Teile der Bibel ist die Bergpredigt, in der Jesus Christus die spirituelle Lehre des Christentums beschreibt und kommentiert. Lassen Sie mich in der Folge doch einfach einmal einige Passagen dieser historischen Rede zusammenfassen und kommentieren, damit auch Sie dadurch vielleicht einen besseren Zugang zu diesem Thema bekommen. Jesus erklärt darin, was das Wesen Gottes und unseres eigenen Wesens ist; er sagt uns, was Leben und Tod bedeuten; er erläutert uns, warum wir Fehler machen, warum wir Versuchun-

gen unterliegen, warum wir krank, arm und alt werden. Und dann zeigt er uns das Allerwichtigste, nämlich wie all diese Übel überwunden beziehungsweise noch rechtzeitig vermieden werden können und wie wir Gesundheit, Glück und wahren Wohlstand in unser eigenes Leben sowie in das Leben unserer Partner, Eltern und Kinder bringen können.

## Das Gebet

Es ist einzig und allein das Gebet oder in heutigem Sprachgebrauch auch die »positive Bejahung«, die unseren Charakter wirklich verändert. Nur eine Änderung des Charakters oder eine Änderung der Seelenstruktur ist nämlich eine wirkliche Änderung. Wenn eine solche aber einmal eintritt, so werden Sie zu einer anderen Person, Sie denken und handeln für den Rest Ihres Lebens anders als bisher und anders, als Sie weiter gehandelt haben würden, wenn Sie nicht gebetet hätten. Mit anderen Worten: Sie werden ein anderer Mensch. Der Unterschied mag zwar mit jedem Mal, wo Sie beten, nur sehr gering sein, nichtsdestoweniger ist er aber da, denn Sie können ganz einfach nicht beten, ohne sich dabei in einem gewissen Grad auch zu verändern. Weil aber die Änderung, die durch das Gebet hervorgerufen wird, manchmal wirklich äußerst radikal ist, spricht Jesus in diesem Zusammenhang von Wiedergeburt. Eben weil die Änderung einen anderen Menschen aus Ihnen macht, ist es tatsächlich so, als ob Sie neu geboren werden. Die Hauptsache, um Erfolg im Gebet zu haben, besteht darin, dass wir zunächst einen bestimmten Grad wahren Seelenfriedens, sprich innerer Ruhe erreichen.

Wir werden dann auch das Gefühl der Gegenwart Gottes, welches das Geheimnis, sich selbst und andere zu heilen einschließt, besitzen. Wir werden Inspiration erhalten, was nichts anderes als der »Hauch« unserer Seele ist, und wir werden geistige Entwicklung finden. Dieser wahre innere Friede der Seele war den Mystikern als Seelenruhe, Seelenfrieden und Heiterkeit bekannt, und sie werden niemals müde, uns immer wieder zu vermitteln, dass diese Seelenruhe der eigentliche »Reisepass« zur Gegenwart Gottes ist. Dies bedeutet aber nicht, dass man ernsthafte Schwierigkeiten nicht durch Gebete überwinden kann, ohne bereits Seelenruhe zu besitzen. In der Bibel heißt es ausdrücklich: »Bittet, so wird euch gegeben, suchet, so werdet ihr finden, klopfet an, so wird euch aufgetan.« (Matthäus 7,7) Denn wer da bittet, empfängt, und wer da sucht, der findet, und wer da anklopft, dem wird aufgetan. Allerdings wird auf Dauer gesehen auch nur der wirklich befriedigende Resultate erhalten und erleben, der permanent an sich arbeitet und die Anwendung der geistigen Gesetze intensiv studiert. Wenn Gebete lange nicht beantwortet werden, so liegt dies meist daran, dass Gott einen gewissen Leidensdruck eskalieren lässt, damit der Betreffende lernt, sich endlich aus dem Lehnstuhl der Faulheit und Trägheit zu erheben, und damit beginnt, intensiv an sich zu arbeiten. Nicht umsonst heißt die bessere Übersetzung von »Hilf dir selbst, dann hilft dir Gott« auch: »Gott hilft dir nur dann, wenn du dir selber hilfst« – was nichts anderes bedeutet, als dass wir lernen müssen, für unsere Lebensumstände selbst die volle Verantwortung zu übernehmen, indem wir die Anwendung der geistigen Gesetze durch das so genannte wissenschaftlich Gebet praktizieren.

## Was ist wissenschaftliches Beten?

Unter wissenschaftlichem Beten versteht man die permanente Bejahung, dass einem unser Höheres Selbst, oft auch Intuition genannt, zu jeder Zeit hilft, dass Süchte, schlechte Gewohnheiten und auch andere Versuchungen keine Gewalt mehr über uns haben können und unser eigenes Wesen geistig vollkommen ist. Diese Art Gebet ist viel stärker als wenn man ständig nur die Hilfe Gottes anruft und um Hilfe bittet. Auf diese Weise gehen moralische Wiedergeburt und seelische Entfaltung Hand in Hand. Das Leben verlangt nicht, dass wir einen vollkommenen Charakter haben, denn wer von uns wäre dazu schon fähig? Was es aber verlangt, ist aufrichtiges, echtes Suchen nach dieser Vollkommenheit. Wenn wir genau auf diesem Weg fortschreiten, dämmert uns nämlich die Wahrheit, dass äußerliche Dinge lediglich das Produkt beziehungsweise das Resultat von Ursachen und Wirkungen in unserem eigenen Geist sind. Ein falscher Gedanke ist aber genauso zerstörend wie eine falsche Tat. Ein Dieb ist man bereits, wenn man nur darüber nachdenkt, einem anderen etwas wegzunehmen.
Lassen Sie mich Ihnen zum besseren Verständnis dieser Aussage auch dazu wieder ein Beispiel geben: Angenommen, Sie verkaufen Häuser und haben bei einem Kunden ein Angebot abgegeben. Nun erfahren Sie von einem Freund Ihres Interessenten, dass diesem zusätzlich zwei weitere Angebote von Konkurrenzfirmen vorliegen, die preislich in etwa gleich lauten wie Ihre Offerte. Wenn Sie also nun damit beginnen würden zu tricksen, indem Sie vielleicht Ihren Hauptkonkurrenten durch einen Dritten, den Sie finanziell etwas »schmie-

ren«, hinten herum bei Ihrem Interessenten schlecht machen lassen und sich so den Auftrag »erschleichen«, dann sind Sie in Wirklichkeit nichts anderes als ein ganz gemeiner Dieb. In diesem Fall wird Ihnen nach dem Gesetz von Ursache und Wirkung zwangsläufig irgendwann auch ein Verlust zustoßen müssen. Da das Unterbewusstsein aber immer verstärkt und multipliziert, dürfte diese »Ernte« Sie eines Tages wesentlich härter treffen, als sie denjenigen traf, den Sie zuvor betrogen haben. Wenn Sie zum Beispiel jemanden so sehr hassen, dass Sie ihn töten könnten, dann sind Sie im Herzen bereits ein Mörder, selbst wenn Ihre Hände noch nicht getötet haben, denn geistig ist die Saat ja schon in den Boden gelegt. Des Ehebruchs macht man sich beispielsweise schon schuldig (jetzt bitte nicht gleich zum Cognac greifen), wenn man auch nur im Geiste fremdgeht, denn dazu bedarf es nicht der physischen Tat. Gier, Eifersucht, Rachsucht und Betrug haben also alleine schon durch die geistige Bereitschaft dazu seelisch die gleiche Wirkung, wie wenn die Tat bereits physisch ausgeführt worden wäre und all diese Negativitäten müssen nach dem Gesetz von Ursache und Wirkung irgendwann zwangsläufig wieder auf uns zurückfallen. Dasselbe trifft auf Probleme zu, denen wir davonlaufen. Sie werden uns an jeder Ecke und in einer neuen Verkleidung immer wieder begegnen. Ist Ihnen vielleicht schon einmal aufgefallen, dass die Ehen eines Menschen, der zum dritten oder gar zum vierten Mal verheiratet ist, immer am gleichen Punkt scheitern oder zu scheitern drohen? Wir alle bekommen die Probleme, die wir nicht lösen und vor denen wir davonlaufen, eben genau so lange in einer jeweils anderen Verkleidung vom Universum vorgesetzt, bis wir uns das dahinterliegende Muster ansehen, es verstehen und es auflösen, denn das ist das Gesetz des Geistes und des Lebens. Sollten Sie beispielsweise krankhaft eifersüchtig sein, dann beginnen Sie am besten heute noch damit, an sich zu arbeiten und diesen Zustand zu beseitigen. Damit retten Sie nicht nur Ihre gegenwärtige Partnerschaft oder Ehe, sondern Sie ersparen sich auch eine ganze Menge Frust, Ärger und Kosten. Das Leben besteht nun einmal aus Lernschritten, wir können uns diesen entweder stellen oder sie auf die lange Bank schieben, aber entgehen können wir ihnen mit Sicherheit nicht.

## Die Wahrheit des Seins

In der Bergpredigt spricht Jesus Christus auch vom Menschen als einem König, einem absoluten Herrscher in seinem Reich, und tatsächlich ist das auch so. Wir alle sind nicht nur theoretisch, sondern vor allem auch praktisch in der Lage, jederzeit Beherrscher unseres eigenen Lebens und unserer Lebensumstände zu sein. Wir können durch unser »Nichtbeachten« der geistigen Wahrheiten unsere Lebensumstände entweder von Tag zu Tag verschlechtern oder durch die Beachtung der Regeln in gleicher Weise verbessern. Bestimmte Umstände oder Menschen ziehen wir allein durch unser Denken an beziehungsweise stoßen sie dadurch auch ab. Wir ziehen Reichtum oder Armut, Frieden oder Furcht an, und zwar in völliger Übereinstimmung mit der Art und Weise, wie wir unser eigenes »Königreich« durch unsere Gedanken regieren.

Wenn wir uns in diesem »Königreich« aber nur ein bisschen näher umsehen, so stellen wir fest, dass der Regierungssitz dieses Reiches immer nur in unserem eigenen Bewusstsein, also unserer eigenen Denkweise liegt. Dies ist unser eigenes Privatkabinett, und die Geschäfte, die von dort aus betrieben werden, sind die Flut all der Gedanken, die permanent durch unseren Geist fließen. Der Psalmist nennt es »den geheimen Platz des Allerhöchsten«, und genauso ist es auch, weil nur Sie selbst wirklich wissen, was dort vor sich geht. Sie können also frei wählen, welche Gedanken Sie annehmen und welche sie ablehnen. Frei nach dem Sinnspruch: »Du bestimmst, was sein wird, nicht die Wirklichkeit.« In diesem Kabinett sind ausschließlich Sie der Herrscher, der das alleinige Sagen hat. Ganz gleich, welche Gedanken Sie auch wählen, sie alle werden eines schönen Tages in Ihrer äußeren Welt als Ereignisse zum Ausdruck kommen, unfehlbar und unverrückbar – seien Sie deshalb auf der Hut!

## Treffen Sie Ihre Wahl

Wenn Sie einen bestimmten Gedanken einmal lange genug gedacht haben, dann können Sie aber in keinster Weise mehr in die kommenden äußeren Folgen eingreifen. Ihre Wahl liegt also bereits im Vorfeld, nämlich den Gedanken zu denken oder ihn nicht zu denken. Wenn Sie heute unliebsame Folgen verhindern wollen, so ist es Ihre Aufgabe, jene Gedankengänge, deren Wirkungen Sie im Außen partout nicht gespiegelt bekommen wollen, auch erst gar nicht zu denken. Wenn Sie beispielsweise auf einen Klingelknopf drücken, dann läutet die angeschlossene Glocke oder der Gong völlig unabhängig davon, ob damit eine gute oder böse Absicht verbunden war. Die Glocke läutet, egal ob Kinder

»Glocken putzen« oder Ihr Briefträger Ihnen die Post bringt. Ist der Daumen also erst einmal auf dem Klingelknopf, ist es zu spät, um eine Wahl zu treffen – diese Entscheidung muss schon zuvor gefällt werden.

## Ein Wort lässt sich nicht zurückholen

Es wird erzählt – so eine nette, kleine Geschichte, die zu diesem Thema passt –, dass ein Mann eines Tages zum Propheten Mohammed kam und klagte: »Ich bin sehr unglücklich, ich habe ungerechterweise einen Freund beschuldigt, ihn verleumdet und weiß nun nicht, wie ich es wieder gutmachen soll.« Mohammed hörte ihm aufmerksam zu und erwiderte dann: »Ich sage dir, was du tun sollst. Lege eine Feder vor jedes Haus der Stadt und komme morgen wieder zu mir.« Der Mann ging und tat, wie ihm geheißen; er legte eine Feder vor jedes Haus der Stadt und kehrte daraufhin wieder zu Mohammed zurück. »Das hast du gutgemacht«, sagte dieser, »geh nun hin, sammle die Federn wieder ein und bringe sie hierher.« Einige Stunden später kam der Mann unverrichteter Dinge wieder zurück: Er hatte nicht eine einzige Feder wiedergefunden. Daraufhin belehrte ihn Mohammed: »Genauso verhält es sich mit den Worten: Sind sie einmal ausgesprochen, vermagst du sie nicht mehr einzuholen. Sie sind auf und davongeflogen.« Tief betrübt verließ ihn der Mann.
Da Sie nun also genau wissen, dass die Art Ihrer Gedankensaat, die Sie ständig in Ihrem Bewusstsein einsäen und pflegen, sich schon sehr bald in Ihrer äußeren Welt, also Ihrem Körper beziehungsweise Ihren Angelegenheiten manifestiert und äußert, sollten Sie es künftig besser vermeiden, diese längerfristig mit sich rumzutragen.

Oder essen Sie vielleicht auch leichtfertig giftige Beeren oder Pilze, nur weil Sie zu bequem sind, sich vorher darüber zu informieren? Denken Sie also immer daran: Worauf Sie Ihre Aufmerksamkeit richten, dahin fließt Ihre Lebenskraft – und zwar unabänderlich.

## Wie man Krankheiten vermeidet

Manche Menschen möchten gerne wissen, ob und was jeweils geschieht, wenn sie beispielsweise an irgendeine Krankheit denken und sie so geistig lange Zeit mit sich herumtragen. Nun, genau kann dies zwar niemand voraussagen, es werden aber meist in jenen Bereichen körperliche Störungen auftreten, in denen der Einzelne besonders anfällig ist. Ich möchte Ihnen in diesem Zusammenhang aber auch etwas sehr Beruhigendes sagen. In all diesen angesprochenen Fällen handelt es sich immer nur um die Gedankenmuster, die Sie monatelang permanent hegen, pflegen und ständig mit sich herumtragen, und nicht um Gedanken, die Ihnen nur ein paar Stunden oder auch ein paar Tage durch den Kopf gehen. Unklar? Gut, dann mache ich zum besseren Verständnis wieder ein Beispiel:
Angenommen zwei Menschen, nennen wir Sie Sepp und Andi, erfahren gleichzeitig per Fernsehnachrichten, dass wieder einmal eine Grippewelle im Anzug ist. Der Sepp denkt: »Einfach ignorieren, Grippe ist nicht mein Thema, wird nie mein Thema sein.« Damit ist der Fall für ihn erledigt.
Andi dagegen verfällt sofort, als er etwas darüber erfährt, in Panik, denkt darüber nach, von welchen Kollegen, sollte auch ihn dieser Grippevirus erwischen, der

laufende Auftrag in der Firma wohl am besten abgewickelt werden könnte. Er überlegt des Weiteren, ob noch genügend Taschentücher, Hustensaft und so weiter im Hause sind und vielleicht akzeptiert er im Geiste auch, dass so eine Grippe für ihn sogar einen kleinen Vorteil hätte: Man isst nämlich weniger und könnte dadurch auf eine geschickte Art und Weise einige Kilo abnehmen. Sie lachen? Was glauben Sie, in wie vielen Köpfen genau ein solcher Ablauf vonstatten geht, wenn wieder einmal eine Grippewelle im Fernsehen angekündigt wird. Am meisten liebe ich jene, die mir im Brustton der Überzeugung erklären, dass man in Wirklichkeit gegen eine Grippe nichts, aber auch gar nichts tun könne, und dies dann auch noch mit allerhand dummen Argumenten untermauern wollen. Ich selbst, der ich mich zu 100 Prozent mit unserem Freund Sepp identifiziere, den eine solche Nachricht wirklich eiskalt lässt, hatte in den letzten zehn Jahren genau zwei Mal einen ganz leichten Anflug von Grippe abzuwehren. Beim ersten Mal wachte ich am Morgen mit Halsschmerzen und beim zweiten Mal mit einer verstopften Nase auf, und obwohl ich laut Fernsehnachrichten, »Bild«-Zeitung und Krankenkasse das Recht gehabt hätte, diese Grippe »auszuleben«, habe ich sofort geistig damit begonnen, intensiv dagegen zu arbeiten, sodass ich bereits nach ein bis zwei Tagen wieder völlig in Ordnung war.

## Benutzen Sie Ihren Fallschirm

Versuchen Sie es auch einmal auf diese Weise, denn dann werden auch Sie sehr bald schon mit dem Thema Grippe ebenfalls nichts mehr zu tun haben.

Machen Sie es am besten so wie der Clevere der beiden Fallschirmspringer in der kleinen Geschichte, die nun folgt:
Zwei Fallschirmspringer springen aus 3000 Metern aus dem Flugzeug, beide haben einen Fallschirm umgeschnallt. Einer der beiden verschränkt die Arme vor der Brust, kümmert sich nicht um die Reißleine und sagt sich: »Ich fühle mich ganz sicher, ich habe ja meinen Fallschirm.« Dies wiederholt er so lange, bis er mit 150 Stundenkilometern Geschwindigkeit auf dem Boden aufschlägt. Sein Kollege dagegen weiß sehr genau: Sicherheit gibt es nur, wenn man etwas tut. Er zieht deshalb rechtzeitig die Reißleine und landet sicher auf der Erde.
Nachdenken über Krankheiten oder Siechtum ist aber nur einer von zwei wichtigen negativen Denkfaktoren, die körperliche Gebrechen hervorrufen können. Der wichtigste liegt in der Tatsache begründet, dass der Mensch zerstörerische Gedanken hegt: Wut, Ärger, Trotz, Groll, Hass und Eifersucht. All dies ist eine Art gefährlichen seelischen Mülls, der, lange genug gepflegt und herumgetragen, sogar Krebs verursachen kann. Ich kenne viele Beispiele, in denen betroffene Menschen begriffen haben, dass sie sich ihre Krankheit durch genau ein solches Verhalten selbst zugezogen hatten und sich sofort eine oder zwei Wochen fastend und intensiv betend in eine einsame Hütte flüchteten, um danach völlig geheilt wieder zurückzukehren.
Dies bedeutet in der Konsequenz aber auch, dass eine solche Krankheit niemals wirklich tödlich verlaufen muss, sondern dass wir alle unserem Leben, gleich einem verschmutzten Fahrrad, mit einer Seelen- be-

ziehungsweise Bewusstseinsreinigung jederzeit einen neuen Glanz verleihen können. Wenn wir uns also auf Hass, Ressentiments und andere negative Gefühle einlassen und sie zulassen, so bestellen wir gleichzeitig quasi in direkter Linie beim Universum auch körperliche Unannehmlichkeiten, egal wie wir uns dafür nachher auch zu rechtfertigen versuchen.

In London wurde während der Französischen Revolution eine Predigt gehalten. Der Verfasser, der eine äußerst oberflächliche Einstellung gegenüber den Evangelien hatte, sagte damals in Bezug auf die Bergpredigt Jesu: »Gewiss ist es zu rechtfertigen, den Schlächter Robespierre zu hassen und den Mörder von Bristol zu verwünschen.« Dieser Ausspruch aber illustriert beispielhaft den vollkommenen Irrtum gegenüber den wahren geistigen Gesetzen. Wenn wir nämlich hassen, so ziehen wir automatisch nicht abschätzbare unangenehme Folgen zu uns heran. Dabei ist es völlig egal, ob wir diesem Hassgefühl das Etikett »Robespierre« anhängen oder ein anderes. Tatsache ist: Wir allein denken es, und ausschließlich wir tragen dann auch die Folgen davon, weil wir die Früchte und die Ernte dieser Denkweise irgendwann in unsere Scheune fahren müssen.

Egal also, wem ich etwas Schlechtes wünsche, die Verurteilung findet ausschließlich in meinem eigenen Geist und später in meinem eigenen Unterbewusstsein statt. Und dort wo der Absender zu Hause ist, ist logischerweise immer auch der Empfänger anzutreffen, denn mein Unterbewusstsein sät und erntet ausschließlich nur durch und für mich allein.

## Lerne deine Feinde zu lieben

Wir alle werden im täglichen Leben diese ganz elementaren geistigen Grundgesetze so lange ignorieren, bis wir endlich lernen, deren Einhaltung mit der allergrößten Sorgfalt zu üben. In der Zwischenzeit werden wir so lange immer neue negative Ursachen setzen und deren entsprechende Wirkungen erleben und ertragen müssen, bis wir die Zusammenhänge verstehen und die geistigen Gesetze nicht mehr falsch anwenden.
Nochmals zur Verdeutlichung: Zerstörerische und aggressive Gedanken sind: Versagen, Enttäuschung, Kritik, Spott, Hohn, Häme, Hass, Verurteilung, Neid, Eifersucht, Angst vor Krankheiten und Unfällen, kurz gesagt das Denken an jede mögliche Art der Begrenzung von göttlicher Liebe und Freiheit. Da wir alle aber heutzutage dem zumeist negativen Denken des Massengemütes ausgesetzt sind, das unentwegt und von allen Seiten durch Medien, Arbeitskollegen, Freunde, Erzieher, Lehrer, Familienmitglieder und so weiter an uns herangetragen wird, ist es für uns ganz besonders wichtig, solche Gedanken von uns zu weisen und selbst zu entscheiden, was wir in unserem Unterbewusstsein aufnehmen.
Eine gute Illustration ist in diesem Zusammenhang ein Mann, der am Kamin sitzt und dem ein glühender Funke auf den Ärmel fällt. Wenn er diesen Funken auf der Stelle fortbläst, ohne auch nur einen Augenblick zu zögern, dann kann dieser auch keinen Schaden anrichten. Erlaubt er dem Funken hingegen, sich auf seinem Ärmel niederzulassen, dann ist das Unheil geschehen. Ernest Holmes, der große amerikanische Lebenshilfe-

Autor, sagte einmal: »Wir lernen unsere Lektionen immer nur auf zwei Arten, entweder durch die Intuition und Inspiration oder durch bittere Erfahrung. Zumeist ist es allerdings das Letztere.«
Ich weiß nicht, wie es bei Ihnen ist, aber ich habe meine Lektionen so lange durch bittere Erfahrungen gelernt, bis ich mir sagte: »Jetzt reicht's mir!«

# 11. Kapitel

- Überraschung im Bistro
- Das Gesetz ist unerbittlich
- Die Schule des Lebens
- Die Gans
- Sprengen Sie Ihre Grenzen
- Der Selbstmörder
- Die gelähmte Witwe
- Die Kraft des Vaters in uns
- Wie man andere Menschen zum konstruktiven Denken bewegen kann
- Die Familienaufstellung
- Alles war anders, als sie dachte
- Der zweite Tag
- Jetzt wurde es spannend
- Nun war Patrik dran
- Danach war sie nur noch müde

# Die Wege des Geistes sind nicht vorherzusehen

Einem jungen Bauunternehmer aus der Nähe von Heidenheim wurde der Kreditrahmen wegen immer schleppender werdender Geldeingänge nicht verlängert und er stand dadurch kurz vor dem Konkurs. Eine Woche, nachdem er diese Hiobsbotschaft durch seine Bank erhalten hatte, wurde er von Freunden zu einer Hochzeit eingeladen. Am liebsten hätte er diese Einladung natürlich abgelehnt, denn ihm war in dieser Situation, verständlicherweise, nach allem zumute, nur nicht nach Feiern.

## Überraschung im Bistro

Da der Bräutigam aber ein sehr guter Freund von ihm war, konnte er diese Einladung gar nicht ablehnen. Auf dieser Hochzeit lernte er dann ein Ehepaar kennen, mit dem er sich derart gut anfreundete, dass man gemeinsam beschloss, sich einige Tage später auf ein Bierchen in einem beiden Seiten bekannten Bistro zu treffen. Bei diesem Termin stellte sich dann heraus, dass ein Bekannter seiner neuen Freunde, der »zufäl-

lig« auch an jenem Abend im Bistro weilte, ebenfalls Banker war und seinerseits wiederum einen gut situierten Bauunternehmer kannte, der gerade auf der Suche nach einem neuen Geschäftspartner war. Der Grund dafür war der, dass seine beiden Söhne überraschend einen anderen beruflichen Weg eingeschlagen hatten und deshalb nicht, wie dies jahrelang zuvor geplant war, die Bauunternehmung des Vaters übernehmen konnten.
Noch am gleichen Tag wurde ein Termin zwischen den beiden vereinbart und schon kurze Zeit später war man sich einig und führte die beiden Firmen zusammen. Alle anfangs für unseren Bauunternehmer so unübersehbar großen Probleme wurden auf diese Art innerhalb von zehn Tagen zu Schall und Rauch.
Hätte der junge Mann aber die Einladung zur Hochzeit aus seinem damaligen Frust heraus abgelehnt, so hätte das anschließende »universale Räderwerk« zumindest nicht auf diesem Weg greifen können. Aus diesem Grund ist es sehr wichtig, dass man an seine Führung glaubt, nicht verzweifelt und am Leben weiter teilnimmt, denn zu Hause – mit einer Cognacflasche und einer Klinikpackung Papiertaschentücher »bewaffnet« – in Selbstmitleid unterzugehen, ist keine sehr erfolgsversprechende Methode. Allerdings liegt hier oft der Knackpunkt für viele, die jahrelang anderen gegenüber große »Sprüche klopfen« und behaupten zu wissen, wie man sich in Krisensituationen zu verhalten habe. Oftmals brechen dann genau diese »Theorie-Gurus« in einer prekären Situation völlig zusammen und verfallen in tiefstes und finsterstes Selbstmitleid.

## Das Gesetz ist unerbittlich

Im Übrigen ist es auch eine Frage des Glaubens und der Standfestigkeit, die darüber entscheidet, wie man aus einer schwierigen Situation wieder herauskommt. Nicht umsonst spricht die Bibel immer wieder von einer unbedingt anzustrebenden Persönlichkeitsveränderung. Es führt nun einmal kein Weg daran vorbei: Zuerst muss man sich innerlich wandeln, damit sich danach im äußeren Leben etwas verändern kann.

Viele fragen mich oft, ob es sich für einen »normalen« Menschen lohnt, geistig zu arbeiten, denn bis das neue Bewusstsein, von dem so viele Bücher berichten, erreicht werden kann, dauert es doch einige Jahre. Ich kann Ihnen dazu nur aus meiner eigenen 25-jährigen Erfahrung berichten, bei der ich sowohl materiell als auch immateriell viel Gutes erfahren und erhalten habe, andererseits aber auch eine ganze Menge Herausforderungen zu durchleben hatte sowie eine Menge Geld verdiente und auch verlor. Je länger ich aber mit diesen geistigen Techniken arbeitete, desto ruhiger, gelassener und hoffnungsvoller ging ich mit schwierigen Situationen um. Habe ich vor zehn Jahren zum Beispiel noch in bestimmten Situationen mit Ängsten, Schweißausbrüchen, Herzrasen und Nervosität reagiert, so hat sich dies zwischenzeitlich in innere Ruhe, Vertrauen und eine gelassene Erwartungshaltung verwandelt.

Es ist auch beileibe nicht so, dass Sie zuerst eine Art Heiliger werden müssen, bevor sich in Ihrem Leben etwas ändert. Nein, es ist wie im täglichen Arbeitsleben, in dem sie ja auch monatlich bezahlt werden und nicht zehn Jahre auf Ihr Gehalt warten müssen.

## Die Schule des Lebens

Das Leben ist in Wirklichkeit zu vergleichen mit einer Schule, denn dort werden die jeweiligen Noten auch nur streng nach Leistung verteilt. Wenn also der Glaube, den Sie beispielsweise an das Üble, an Zufälle und alle Arten von Ungerechtigkeiten verschwendet haben, auch nur einmal für einen einzigen Monat in den Glauben an das Gute, die Liebe und an das Gesetz von Ursache und Wirkung gewandelt werden würde, so dürfte das bereits schon ausreichen, erste positive Ergebnisse in Ihrem Leben hervorzurufen. Durch Bejahungen, die Ihnen helfen, sich auf das Gute zu konzentrieren und es dadurch hervorzubringen, können sich die äußeren Umstände oft ganz rasch um 360 Grad drehen. Was immer Sie bejahend äußern, lösen Sie infolge der Schwingung Ihrer Worte im Außen auch aus. Aus dem Grund wird das, was Sie »äußern«, schon bald auch zu Ihrer Erfahrung. Ein Mensch, der – damit er im Bus vorne sitzen darf – seiner Umgebung vorgaukelt er hätte Probleme mit dem Knien, braucht sich nicht zu wundern, wenn genau diese Gedankensaat plötzlich durch einen Unfall oder eine Krankheit zur Realität wird. Worte können zwar Hindernisse und Hürden ersetzen, aber – falsch angewandt – diese auch aufbauen. Oberster Sinn Ihres Lebens sollte es deshalb sein, die wahren Zusammenhänge zwischen Geist, Körper und Seele zu verstehen, zu begreifen und zu erlernen, denn das Leben ist immer sehr großzügig mit denjenigen, die positiv nach vorne blickend durchs Leben gehen und in schwierigen Situationen nicht gleich in sich zusammenfallen. Wer dagegen tagtäglich mit negativen Worten sein eigenes Gefängnis aufbaut, der darf sich auch nicht wundern, wenn dieses eines Tages dann auch fertig wird und er von seinem eigenen Unterbewusstsein dazu gezwungen wird, dort einzuziehen.

Hierzu wieder eine kleine Geschichte, die Ihnen noch mehr verdeutlichen soll, was genau damit gemeint ist.

## Die Gans

Es war einmal eine Gans. Sie lebte unter ihresgleichen auf einem Bauernhof an einem Berghang und verbrachte ihr eintöniges Dasein, wie jede Gans es tut, indem sie umherwatschelte und unermüdlich schnatterte und damit zum allgemeinen Lärmen und Schreien auf dem Hof ihren persönlichen Beitrag leistete. Ihr Besitzer jedoch war ein Mann, der nicht damit zufrieden war, nur eine Reihe von Tieren zu züchten, sondern auch eine Anzahl von Kindern zeugte. Diese Kinder tobten den ganzen Tag auf dem Hof herum und machten so viel Lärm wie die Tiere, allzeit bemüht, einen neuen Streich zu ersinnen, den sie spielen konnten, und wenn es nur ein weiterer Vorwand war, noch größeren Lärm zu erzeugen. Eines Tages sagte das Älteste, es war ein Junge, zu seinen Geschwistern: »Ich habe von meinen Kameraden erfahren, was für einen Streich wir jener Gans dort spielen können. Man braucht dazu nur ein Stück Kreide, mit dem man einen Kreis auf die Erde zeichnet. Wenn wir das tun und die Gans in diesen Kreis setzen, so wird sie darin bleiben, weil sie glaubt sie wäre gefangen, und wir werden viel Spaß dabei haben, ihre lustigen Sprünge zu beobachten. Kaum hatte er das vorgeschlagen, zog er auch schon ein Stück Kreide aus der Tasche und zeichnete einen großen Kreis auf die Erde, während er seine

Geschwister bat, die Gans zu fangen und sie in der Mitte des Kreises abzusetzen. Kaum war es geschehen, da geschah genau das, was er angekündigt hatte, denn das Tier watschelte in seinem eingebildeten Gefängnis umher und schien völlig außerstande, einen Weg hinaus zu finden. Und die Gans dachte bei sich: »Wehe mir, denn ich bin eingesperrt in dieser Umzäunung, die diese unerträglichen Kinder aufgestellt haben. Jetzt kann ich nicht mehr umhergehen und Futter suchen und so werde ich verhungern müssen und zu Tode kommen, während meine Kerkermeister über mich lachen.« Und sie schnatterte und schlug ihre Flügel so weit sie konnte, litt unter ihren eingebildeten Fesseln und bemerkte nicht, dass sie die ganze Zeit frei war.

Jene Gans ist gewissermaßen ein Abbild des Menschen, der sich von Illusionen irreführen lässt und von Ängsten gequält ist, die eingebildet sind und daher jeder tatsächlichen Grundlage entbehren. Denn so, wie jene Gans in Wirklichkeit absolut frei war und jederzeit die eingebildete Grenze hätte überschreiten können, so ist der Mensch in Wirklichkeit, ewig glücklich; er braucht dieses Glück nur zu erkennen, um zu werden, was er in Wahrheit schon ist. Denn seine Kümmernisse können von der Wahrheit vertrieben werden. Wahrheit und Illusion können nicht nebeneinander bestehen, ebenso wenig wie Feuer und Wasser zugleich am selben Ort sein können.

## Sprengen Sie Ihre Grenzen

Sprengen deshalb auch Sie Ihren von Ihren Eltern, Erziehern und vielen anderen gezogenen Kreidekreis, machen Sie einfach den ersten Schritt, und das Universum wird

Ihnen antworten. Gerade Anfangserfolge sind oft besonders spektakulär und großartig, weil die Kräfte des Universums ja nur darauf warten, dass Sie sich ihnen endlich konstruktiv zuwenden. Was quält, plagt und begrenzt Sie also im Augenblick? Fangen Sie an, geistig konstruktiv daran zu arbeiten und lassen Sie sich von den späteren Ergebnissen einfach überraschen. Wahrscheinlich werden Sie sich, wenn sich Ihnen eines Tages dann die perfekte Lösung präsentiert, voller Zweifel fragen: »Was ist nun? War das wirklich die Antwort auf meine geistige Arbeit oder vielleicht doch nur der berühmte Zufall?« Warum ich dies so genau voraussagen kann? Nun, weil es mir und Millionen anderen genauso ergangen ist oder noch ergeht, denn die Ergebnisse kommen meist auf völlig unspektakuläre Weise zu uns und deshalb bezweifeln wir oft, dass sie die Antwort auf unsere geistige Arbeit sind. Weder Gott selbst noch Jesus Christus können aber persönlich auf einer goldenen Treppe zu Ihnen herabsteigen, sondern alles vollzieht sich auf eine ganz natürliche Art und Weise. So wie beispielsweise der Bauunternehmer, von dem ich berichtet habe, seinen neuen Partner fand. Aber keine Angst: Wenn Sie dranbleiben, begreifen Sie sehr schnell, dass all diese Dinge nach einem perfekten Plan funktionieren.

## Der Selbstmörder

Einem in einem amerikanischen Gefängnis einsitzenden und zum Tode verurteilten Verbrecher wurde im vergangenen Jahrhundert mitgeteilt, dass er durch einen Aderlass hingerichtet werden würde. Man zog ihm die Kleider aus, band ihn rittlings auf einen Stuhl, ritzte ihm mit einer Nadel die Haut am Rücken ein und ließ warmes Wasser darüber und in ein Becken laufen. Innerhalb von 40 Minuten war der Mann tot. Dabei hatte er in Wahrheit nichts anderes erlitten als einen Kratzer im Rücken. Er tötete sich durch seine Angst also ganz von selbst – so stark sind Suggestionen, und zwar im Positiven ebenso wie auch im Negativen.

Allein von uns hängt es ab, wie wir unsere Macht, Dinge und Geschehnisse von innen her zu wandeln, nutzen. Alle vermeintlichen Schranken, die uns einengen, sind nämlich ausschließlich durch uns selbst in unserem Geist aufgerichtet worden. Wir können nur deshalb wenig vom Leben bekommen, weil wir selbst nur sehr wenig verlangen und erwarten. Deshalb fließt auch der Strom der Fülle beständig an der Tür vieler Menschen vorbei, während sie beleidigt an seinen Ufern herumlungern. Vergleichen können wir das mit der Nutzung der Elektrizität. Die Elektrizität selbst ist schon seit ewigen Zeiten vorhanden, aber um sie für uns nutzen zu können, mussten wir sie zuerst einmal »ent-decken«. Sehr oft müssen wir aber gerade in der Arbeit mit unserem Unterbewusstsein auch mehrere Anläufe nehmen, weil wir nach wenigen Wochen automatisch wieder in unsere alten Denk- und Verhaltensstrukturen zurückverfallen sind. Dies ist übrigens völlig normal und nichts Außergewöhnliches, zeigt uns allerdings auch auf dramatische Weise, wie sehr wir doch unbewusst tief im destruktiven Denken zu Hause sind.

## Die gelähmte Witwe

Oft, sogar in den allermeisten Fällen, treibt uns erst die schiere Not dazu umzudenken und an uns zu arbeiten, wie die folgende Geschichte belegt. Eine Mutter, die gelähmt war, wurde immer depressiver, zumal ihr Sohn nach dem Krieg als verschollen galt und sie ganz alleine zurückgeblieben war, denn auch ihr Mann war bereits zehn Jahre zuvor verstorben. Ihr behandelnder Arzt, der sie regelmäßig besuchte, eröffnete ihr eines Tages, dass ihr Sohn ganz überraschend doch noch am Leben sei und sich telefonisch vor kurzem bei ihm gemeldet hätte. Nachdem sie vor lauter Freude und Tränen dann endlich wieder klar denken konnte, eröffnete er ihr außerdem noch, dass ihr Sohn bereits am Nachmittag des kommenden Tages wieder bei ihm anrufen wolle (die Dame selbst besaß damals kein Telefon) und er sie deshalb am nächsten Tag gegen Mittag abholen würde, um sie in seine Wohnung zu bringen. Dies geschah dann auch, allerdings hatte jener Arzt heimlich eine Art geistiges Experiment mit der Mutter dieses Soldaten geplant, von dem sie selbst natürlich nichts wusste. Er hatte mit deren Sohn vereinbart, dass dieser exakt zwischen 15.00 und 15.30 Uhr nochmals bei ihm anrufen solle. Also fuhr er die Mutter in ihrem Rollstuhl in seine Wohnung, um sie dann kurz vor 15.00 Uhr unter dem Vorwand, er müsse noch einen kurzen Hausbesuch bei einem Patienten machen, eine Weile allein zu lassen. Das Telefon war zwar im selben Zimmer wie die Mutter im Rollstuhl; allerdings trennten sie drei Stufen und etwa zehn Meter vom Standort des Telefonapparates.

Als das Telefon dann endlich läutete, war diese Frau völlig allein im Haus, aber denken Sie bitte daran: Sie wusste sehr genau, dass es ihr Sohn war, den sie bis gestern noch für tot gehalten hatte. Das Telefon läutete also, und die Liebe einer Mutter schaffte das Wunder: Sie stand völlig ohne Hilfe aus dem Rollstuhl auf (was sie schon seit Jahren nicht mehr gekonnt hatte), stieg mühelos die drei Stufen hoch, ging die restlichen zehn Meter zum Telefon zu Fuß und sprach knappe zehn Minuten im Stehen mit ihrem Sohn. Der Arzt, der in Wirklichkeit gar nicht fortgegangen war, sondern sie die ganz Zeit vom Nebenzimmer aus beobachtet hatte, wusste sehr genau, dass Liebe alles besiegen und heilen kann und genau darauf baute er, denn die Lähmung der Mutter war just zu dem Zeitpunkt eingetreten, als sie die Nachricht erhielt, dass ihr Sohn verschollen sei. Von diesem Tag an verrichtete die Frau ihren Haushalt wieder ganz alleine, brauchte nie mehr in den Rollstuhl, und acht Wochen danach stand sie, lediglich auf einen Stock gestützt, im Hafen von New York an der Seite ihres Hausarztes und schloss nach über zwei Jahren endlich ihren Sohn wieder überglücklich in die Arme.

## Die Kraft des Vaters in uns

Woher hatte diese Mutter wohl diese übermenschliche Kraft? Ganz einfach, ihr Arzt wusste, dass sie tagtäglich mehrmals (bis zu 20-mal) das Vaterunser betete. Deshalb war ihm auch klar, dass die Kraft der Liebe dieser Mutter jene immense Power geben würde, die sie brauchte, um ihre körperliche Behinderung zu überwinden und ans Telefon gehen zu können. Allerdings wusste er auch, dass dies nur über einen unbeugsamen Willen und über eine riesige Motivation zu schaffen war. Beides war in dem Moment natürlich fast im Übermaß vorhanden, als das Telefon läutete und niemand anders als sie selbst an den Apparat gehen konnte.
Die Kraft des Vaterunsers ist wirklich riesig, denn schließlich ist dieses Gebet das wohl meistgebrauchtes-

te auf dieser Welt und somit auch am energievollsten. Zu diesem Thema lesen wir in dem Buch der amerikanischen Wahrheitslehrerin Catherine Ponder »Bete und werde reich« (München 1981): »Das Vaterunser ist durch und durch Verfügung. Autoritatives Sprechen belebt und stärkt unseren Mut. Durch wiederholtes Sprechen des Vaterunser lernen wir, autoritativ zu sprechen. Sprechen Sie das ganze Gebet immer wieder; häufige Wiederholung des Vaterunsers sättigt und stärkt wie Essen und Trinken. Lassen Sie dieses Gebet ihr ganzes Wesen mit Energie durchflammen.

Anstatt das Vaterunser einfach hinzunehmen und es in 20 Sekunden herunterzuleiern, beginnen Sie damit, es wieder und wieder zu sprechen. Langsam, bewusst, autoritativ (am besten laut), und Sie werden seine elektrisierende, stärkende und umwandelnde Wirkung in Ihrem Leben spüren. Eine solche Anwendung des Vaterunsers ist ein Weg mehr, das Christusbewusstsein hervorzurufen. Auf diese Weise kann das Vaterunser Sie in Ihr größeres Gutes buchstäblich hineinkatapultieren.«

## Wie man andere Menschen zum konstruktiven Denken bewegen kann

Lassen Sie uns nun auch zu einer hoch interessanten Sache kommen, die deutlich zeigt, wie man heute mittels therapeutischer Techniken einen nahe stehenden Menschen telepathisch erreichen und ihn darüber sogar auch zum Überdenken einer festgefahrenen Situation bewegen kann. Ich spreche in diesem Zusammenhang von einer speziellen Seminarform, die wir in unseren Veranstaltungen oft selbst durchführen und die inzwischen sehr populär ist und Jahr für Jahr landesweit immer mehr Teilnehmer anzieht: die so genannte »Familienaufstellung«. Dies ist ein weiteres Beispiel, das eindrucksvoll belegt, was positiv-konstruktives Denken in Verbindung mit gutem Willen und dem Mute des Ausharrens letztendlich bewirken kann.

Patrik und Hannelore waren seit etwa zehn Jahren verheiratet, und die Ehe blieb bis dato kinderlos. Ihre Ehe war in etwa das, was man als eine »gute Durchschnittsehe« bezeichnen würde. In Sachen Sex entsprach sie in etwa dem Witz: Was ist der Unterschied zwischen einem Junggesellen und einem altgedienten Ehemann? Ganz einfach, der Junggeselle kommt nachts nach Hause, schaut zuerst in den Kühlschrank, findet nichts, auf das er Appetit hat, und geht frustriert ins Bett. Der Ehemann dagegen kommt nach Hause, schaut zuerst ins Bett, sieht nichts Gescheites, auf das er Appetit hat, und geht frustriert an den Kühlschrank.

Auf die »gute Durchschnittsehe« bezogen, hieß dies: 1. Sex findet einmal pro Quartal statt und wird meist sehr schnell unter dem olympischen Gedanken »Dabei sein ist alles« abgehakt. 2. Man respektiert sich zwar, fährt zweimal pro Jahr auch gemeinsam in den Urlaub, ödet sich allabendlich mehr oder weniger an, nur der Fernsehapparat und die Arbeit vermeiden den seit Jahren schon schwelenden permanenten Eklat.

## Die Familienaufstellung

Sollten Sie sich selbst in dieser Beschreibung nicht wiederfinden, so liegt Ihre Ehe sicherlich über dem Durchschnitt, und wenn dies der Fall ist, so seien Sie ganz einfach froh darüber. Dass ich allerdings mit der Kurzbeschreibung einer heutigen Durchschnittsehe nicht übertrieben habe, kann Ihnen jeder gute Psychotherapeut bestätigen.

Seit Jahren verspürte Patrik schon, dass es so nicht weitergehen konnte, ohne sich allerdings einen wirklichen Ruck zu geben, beziehungsweise ein klärendes Gespräch mit Hannelore zu führen. Patrik war von Beruf Handelsvertreter, und bei den heutigen Möglichkeiten in Sachen »Hostessenservice« war es recht einfach, die häusliche Schieflage bei der Sexualität zu verdrängen und zu kompensieren. Hannelore, die seit acht Jahren gelernt hatte, wie man einen Orgasmus perfekt schauspielert und damit gleichzeitig den Gatten zum Schlussspurt motiviert, war zu allem Übel dann auch derart streng katholisch erzogen, dass sie Sexualität als etwas Verwerfliches abgehakt und abgelegt hatte. Keiner von beiden tat also einen Schritt auf den anderen zu, bis eines Tages, wegen eines zerbeulten Kotflügels am Mercedes von Patrik, alles über die Jahre unter den Teppich gekehrte explosionsartig in einem Ehekrach an die Oberfläche drängte. Patrik packte noch am selben Abend – es waren nämlich auch Tassen, Teller und Gläser geflogen, Ohrfeigen verteilt und viele böse und verletzende Worte auf beiden Seiten gefallen – seine Sachen und zog Knall auf Fall in ein Hotel. Hannelore rief daraufhin in ihrer Verzweiflung eine Freundin aus der Nachbarschaft an, die sich auch gleich auf den Weg machte, um die halbe Nacht als Beichtmutter und Seelentrösterin zu fungieren. Von ihr erfuhr Hannelore dann auch, dass drei Wochen später eine so genannte »Familienaufstellung«, etwa 20 Kilometer von ihrem Wohnort entfernt, stattfinden würde. Rosemarie, so hieß die Nachbarin, hatte ein solches Seminar vor Jahren selbst schon einmal nach einem ähnlichen Ehekrach besucht und versicherte Hannelore, dass genau dieses Seminar in der Rückschau federführend dafür verantwortlich gewesen sei, dass sie und ihr Mann sich nicht endgültig scheiden, sondern ganz im Gegenteil ihre Beziehung von Stund an auf eine ganz neue und viel bessere Ebene heben konnten. Obwohl Hannelore natürlich sofort nachzubohren versuchte, um etwas über den Ablauf eines solchen Seminars zu erfahren, blockte Rosemarie sie immer wieder ab und meinte: »Wenn ich dir jetzt erzählen würde, was in einem solchen Seminar so alles abläuft, dann würdest du dir einen ganz großen Teil jener positiven Erkenntnisse, die du ganz bestimmt dabei haben wirst, selbst nehmen und das willst du doch sicher nicht. Melde dich also einfach an und vertraue darauf, dass es dich weiterbringt.« Gesagt, getan, Hannelore meldete sich also spontan zum Wochenendseminar an, ohne weiter zu versuchen, Einzelheiten von Rosemarie zu erfahren. Von Patrik hörte sie in der Folge kaum etwas, außer dass sie jedes Mal, wenn sie von ihrem wöchentlichen Aerobic-Abend nach Hause kam, feststellte, dass er kurz da gewesen sein musste und sich mit neuer Wäsche versorgt hatte, natürlich unter Zurücklassen der getragenen und verschmutzten Klamotten. Auf diese Weise ging die Eiszeit also munter weiter, bis Hannelore 21 Tage später im Seminarhotel eintraf.

## Alles war anders, als sie dachte

Der Schreck ereilte sie schon kurz, nachdem sie im Seminarraum angekommen war. Kein Tisch, keine Stühle und ein – bis auf zwei große Polster und einer

Musikanlage mit CD- und Kassettendeck, zwei Lautsprechern, und einem Blumenstrauß – leerer Raum, in dem etwa 20 Personen in Joggingkleidung und in Wollsocken auf dem Fußboden saßen. Etwas nervös geworden und sich fragend, worauf sie sich da wohl eingelassen habe, nahm sie ebenfalls Platz und setzte sich auf die mitgebrachte Wolldecke. Dann kamen die Trainer, zwei Frauen und ein Mann. Zunächst hielt der Mann einen kurzen Vortrag, in dem er die Teilnehmer bat, sich auf das Seminar und die dort stattfindenden therapeutischen Übungen intensiv einzulassen, auch wenn man vom Kopf her nicht gleich erfassen könne, was sie bewirken, schließlich sollten die Veränderungen auch im Unterbewusstsein und nicht im Kopf greifen. Könne man, so meinte er, seine Probleme nämlich wirklich alle mit dem Kopf lösen, so wäre man bestimmt nicht hier. Dies leuchtete Hannelore ein, und sie beschloss deshalb, einfach alles zuzulassen, denn Rosemarie hatte ihr damals schon gesagt: Wenn du hingehst, mache bitte voll mit und lass dich einfach auf die Übungen ein, alles andere ist nichts als Selbstbetrug.
So verging der erste Tag sehr kurzweilig und sie freundete sich während des Seminars mit den anderen Teilnehmern recht schnell an.

## Der zweite Tag

Am nächsten Morgen, gleich nach dem Frühstück, begann dann der Teil, weswegen sie hauptsächlich gekommen war, nämlich die ominöse Familienaufstellung, auf die sie schon sehr gespannt war, denn sie konnte sich unter dieser Bezeichnung nur sehr wenig vorstellen, vor allen Dingen konnte sie sich nicht so richtig denken, was das Ganze an konkreten Veränderungen ihrer aktuellen Lebenssituation bringen sollte. Zuerst wurden die Teilnehmer dann in Gruppen zu acht Personen aufgeteilt und jede Gruppe suchte sich im Anschluss daran eine Ecke im Seminarraum, die einen gebührenden Abstand zu den anderen acht Gruppen hatte, aus. Dann ging es los. Die Therapeuten erklärten den Teilnehmern zunächst, dass jeder in der Gruppe nun die Gelegenheit bekäme, anhand der anwesenden Personen seine eigene Familie »aufzustellen«. Dabei sei es völlig egal, ob die jeweiligen Personen noch leben würden, oder bereits schon tot seien. Wichtig, so betonten sie, sei es, die Familie so zu stellen, dass die jeweiligen Familienmitglieder aus der Sicht des »Aufstellers« so positioniert würden, wie er sein persönliches Verhältnis zu ihnen sah. Also angenommen, der Vater war sehr streng, ungerecht und despotisch, so stellt man ihn etwa sechs Meter weit von sich weg; die Person, die die Mutter darstellt und die immer sehr liebevoll und gerecht war, steht dagegen fast in direktem Körperkontakt neben einem. Der Bruder, zu dem man manchmal zwar ein sehr gespaltenes Verhältnis hatte, der aber prima mit der Mutter konnte, wurde etwa zwei Meter von einem selbst, dafür aber in der unmittelbaren Nähe der Mutter aufgestellt. Der als Baby mit drei Jahren verstorbene zweite Bruder, den man selbst – weil ebenfalls erst zwei Jahre alt – aus nahe liegenden Gründen nicht richtig wahrnehmen konnte und kennen lernte und um den Vater und Mutter sehr trauerten, wurde rechts, abgesetzt von einem selbst, aber etwa in die Mitte zwischen Vater und Mutter gestellt. Die Oma, die abgöttisch geliebt wurde, allerdings ebenfalls seit zehn Jahren schon tot war, stellte man neben die Mutter, weil beide sich sehr liebten und so weiter.

## Jetzt wurde es spannend

Hannelore, die der Trainerin »zufällig« am nächsten stand, wurde dann als Erste aufgefordert, sich ihre Familie nach dem eben besprochenen Schema zusammenzustellen. Nach und nach platzierte sie zuerst Patrik, ihren Mann, sowie ihre Eltern, ihre zwei Geschwister, ihre Oma mütterlicherseits sowie Oma und Opa väterlicherseits. All diese »Familienmitglieder« bekamen dann auch noch einen ganz speziellen Satz von Hannelore zugeordnet, der typisch für die einzelnen Personen war und den sie sich einzuprägen hatten. Nachdem die Familie dann komplett aufgestellt war, forderte die Trainerin Hannelore auf, sich diese ganz bewusst und sehr genau anzuschauen, während alle Teilnehmer gleichzeitig jenen ihnen persönlich zugeordneten Satz immer wieder laut in ihre Richtung sagen mussten. Der Teilnehmer, der Patrik verkörperte, hatte beispielsweise den Satz zu sagen: »Lass mich in Ruhe, ich bin müde.« Nach etwa fünf Minuten unterschiedlichstem »Stakkato« aus allen Richtungen stoppte die Trainerin dann dieses Trommelfeuer der Wiederholungen und Hannelore, der zwischenzeitlich die Tränen bereits wie Sturzbäche über die Wangen liefen, war froh, dass dieser Teil der Übung endlich vorüber war. Nun forderte die Therapeutin Hannelore auf, zu jedem Familienmitglied hinzugehen und ihm oder ihr jeweils das zu sagen, was sie über die jeweilige Person dachte, ihr eigentlich schon ewig einmal sagen wollte, sich aber bisher nicht traute. Kurz, sie musste nun endlich das in konkrete Worte kleiden, was bisher noch niemals ausgesprochen wurde.

## Nun war Patrik dran

Am meisten Zeit verbrachte Hannelore natürlich bei Patrik. Sie sprach dabei alles aus, was sie und ihre Seele schon so lange belastete, dass er sie seit Jahren nur noch als »billige Putze« und nicht mehr als seine Frau ansehe. Dass er sie körperlich nicht mehr begehre, er zu viel trank, wegen jeder Kleinigkeit an ihr herumnörgelte und so weiter und so fort. Kurz, sie machte endlich ihrem Herzen richtig Luft. Sie sagte ihm aber auch, dass sie ihn trotz allem immer noch liebe und wie sehr sie sich wünsche, dass er einmal Blumen mitbringen würde, auch wenn es nur ein kleines Sträußchen wäre, und wie sehr sie sich manchmal zärtlichen und liebevollen Sex von ihm wünschte. Nachdem dann auch die anderen Familienmitglieder ähnlich wie Patrik »abgearbeitet« waren, und die Beteiligten sich genauso fühlten, als wenn sie tatsächlich jene Familienmitglieder von Hannelore wären, fragte sie die Trainerin, ob sie nun, nachdem alles gesagt, alles ausgesprochen und vieles auch verziehen und vergeben sei, die Situation etwas anders sehe und die Familie deshalb in ihrer gegenwärtigen Aufstellung ein wenige verändern wolle. Nach kurzem Überlegen sagte Hannelore ja, und holte Patrik etwa einen Meter näher zu sich heran, weil sie, während sie zu ihm sprach, deutlich merkte, wie sehr sie ihn trotz allem noch liebte und wie sehr sie daran interessiert war, ihre Ehe doch noch zu retten. Danach

wurde eine kleine Pause eingelegt, denn die brauchte inzwischen jeder Teilnehmer, denn keiner von ihnen konnte sich der Faszination des soeben Abgelaufenen und der Identifikation mit der jeweils von ihm vertretenen Person entziehen. Karl-Heinz, der während der Aufstellung Patrik mimte, stand plötzlich mit einer Tasse Kaffee in der Hand neben Hannelore und gestand ihr, natürlich noch etwas verwirrt, dass er sich, je länger die Familienaufstellung andauerte, nicht mehr als Karl-Heinz, sondern als Patrik gefühlt hätte. Am liebsten, so meinte er, hätte er sie, während sie so vor ihm stand und bitterlich weinte, in seine Arme genommen und gesagt: »Komm Liebling, wir fangen noch einmal neu an und diesmal machen wir es besser.«
Genau dasselbe spürte und fühlte dann auch Hannelore in der weiteren Folge der Familienaufstellung am eigenen Leib, während sie sich in ihren verschiedenen Rollen als Familienmitglied für die anderen sieben Teilnehmer zur Verfügung stellte. Auch sie war völlig fasziniert, wie intensiv sie sich in die jeweiligen Rollen hineinfallen lassen konnte. Einmal war sie beispielsweise die böse Schwiegermutter einer Teilnehmerin, die heftigst beschimpft wurde und dabei wäre sie am liebsten in den Boden versunken, so schlecht fühlte sie sich. Besonders interessant fand sie, dass die Trainer nach jeder einzelnen Familie, die aufgestellt wurde, die einzelnen Familienmitglieder aufforderten, sich zwei-, dreimal wie ein Tanzbär um die eigene Achse zu drehen, um aus ihren jeweiligen Rollen wieder herauszukommen. Kurz vor Ende des Seminars am Sonntag nachmittag hörte sie dann auch noch von einer Teilnehmerin der beiden anderen Gruppen im Raum, dass diese schon vor zwei Jahren eine solche Familienauf-

stellung mitgemacht hätte und dass sich danach in ihrer Ehe sehr viel verändert hätte.

## Danach war sie nur noch müde

Als Hannelore an diesem Sonntagabend nach Hause kam, war sie zwar ziemlich geschafft, hatte aber gleichzeitig auch das Gefühl, einen Rucksack an seelischen Schmerzen und Verletzungen abgelegt zu haben. Kurz, sie fühlte sich zwar körperlich groggy, aber geistig topfit. Als sie am nächsten Morgen gegen acht Uhr aufwachte, hatte sie geschlagene zehn Stunden geschlafen und fühlte sich bis auf einen kräftigen Muskelkater in den Waden supergut.
Neun Tage vergingen, ohne dass sich etwas Besonderes ereignete. Dann, am Donnerstag gegen 20 Uhr, sie wollte sich gerade mit einem Glas Eistee niederlassen, um sich die Tagesschau anzusehen, klingelte plötzlich das Telefon. Sie hob den Hörer ab und erkannte die Stimme von Patrik, der sie fragte, ob er gegen neun Uhr kurz bei ihr vorbeikommen könne, er wolle gerne ein paar Takte, wie er sich ausdrückte, mit ihr reden. Sofort kam ihr der Satz von Monika, ihrer Therapeutin, die sie durch die Familienaufstellung begleitete, in den Sinn: »Wundert euch bitte nicht, wenn sich im Außen in den nächsten Tagen einige Veränderungen ergeben, denn das, was ihr hier gemacht habt, wirkt sich auf der energetischer Ebene aus, und manchmal kann ich es selbst nicht glauben, was danach oft an positiven Dingen abläuft.«
Etwas nervös öffnete sie, als es um neun Uhr an der Tür klingelte und Patrik vor ihr stand. Sie hatte sich ein we-

nig zurechtgemacht, Sommerkleid, Make-up, Lippenstift, die Haare hochgesteckt, und auch Patrik steckte in einem blauen Blazer und einer grauen Flanellhose und – sie traute ihren Augen fast nicht – mit einer dunkelroten Baccararose in der rechten Hand. Nachdem sie diese – immer noch etwas verblüfft natürlich – in eine Vase gestellt hatte, setzte sie sich Patrik gegenüber in den Fernsehsessel und bat ihn, das von ihm angestrebte Gespräch zu beginnen.

Was dann allerdings kam, raubte ihr von Sekunde zu Sekunde immer mehr den Atem. Er schien nicht nur in sich gegangen zu sein und nachgedacht zu haben, nein, vieles von dem, was sie ihm beziehungsweise seinem Schauspielerpendant während der Familienaufstellung wortwörtlich ins Gesicht sagte, schien tatsächlich so, wie die Seminarleiterin dies in Aussicht stellte, in seinem Bewusstsein angekommen zu sein. So sprach er beispielsweise mehrmals davon, zu spüren, wie sehr er sie vernachlässigt hätte und dass er fest entschlossen sei, dies zu ändern, wenn sie bereit wäre, mit ihm nochmals einen neuen Anfang zu machen. Sie war sogar so überrascht, dass sie sich spontan entschloss, ihm von der Familienaufstellung zu erzählen, und kaum hatte sie ihren Bericht abgeschlossen, wollte Patrick wissen, wo und wann das nächste Familienaufstellungs-Seminar stattfinden würde, er sei festentschlossen diesen Kurs so schnell wie möglich selbst zu besuchen.

Knapp vier Wochen später absolvierte auch er dieses Seminar mit nachhaltigem Erfolg und heute, knapp ein Jahr nach diesen Ereignissen, sind die beiden wieder ein richtiges Ehepaar und höchst zufrieden mit ihrer eigentlich schon fast totgesagten neuen Beziehung.

Nicht immer endet aber ein solcher Prozess beziehungsweise eine solche Familienaufstellung derart positiv wie bei Patrik und Hannelore. Oftmals trennen sich auch die Paare im Anschluss daran endgültig. Fast in allen Fällen kommt es aber wenigstens zu einer klaren Entscheidung, und dies ist in jedem Falle besser als ein Leben in Unzufriedenheit, Streit und sich ständig aufstauenden Ressentiments.

## 12. Kapitel

- Eine Frage der Wortwahl
- Reinkarnation, eine wichtige Säule des Christentums
- Die doppeldeutige Postkarte
- Es geschah an einem ganz gewöhnlichen Tag
- Ein wahres Wunder
- Was ist dran an diesen Trainings
- Entscheidungen treffen
- Auf einem Bein voll im Leben
- Immer das Beste geben

# Haupterkenntnisse

Die Anwendung des konstruktiven Denkens beziehungsweise die Arbeit mit den immensen Kräften meines Unterbewusstseins hat mich – ebenso wie Millionen anderer Skeptiker vor mir – zu einem von tiefem Respekt getragenen Gottverständnis finden lassen. Heute, nach fast 25 Jahren Arbeit mit diesen Geisteskräften, kann ich Ihnen meine Haupterkenntnisse in wenigen Worten zusammenfassen.
Ohne den festen Glauben an einen liebenden Gott, der uns die absolute Freiheit lässt, ob wir die Kräfte unserer Gedanken positiv oder negativ anwenden (die Ergebnisse dieses Denkens müssen wir sowieso eines Tages selbst leben), können wir den Sinn sowie die Geheimnisse und Zusammenhänge unseres Daseins niemals voll erfassen und verstehen. Der Satz aus der Bibel »Das Urteil ist dem Sohn gegeben« bedeutet, dass wir die vollkommene Freiheit haben, selbst über unser Leben zu entscheiden. Wir allein fällen damit das »Urteil« über uns selbst. Was wir beschließen, haben wir zwar immer auch konsequent zu leben, es steht uns aber jederzeit frei, aufgrund unserer bisher gemachten Erfahrungen und unseres gewachsenen Wis-

senstandes, die einmal getroffene Entscheidung zu revidieren.
Dass die Mehrheit der Menschen um diese entscheidenden Zusammenhänge und technischen Abläufe von Geist (Verursacher) und Materie (Wirkung) so gut wie nichts weiß, ist aber beileibe nicht die Schuld Gottes, sondern in der Egozentrik der Kirchen und ihrer Vertreter seit über zweitausend Jahren begründet. Es ist aber nicht nur die »Blutspur« der Gewaltanwendung, die die Kirchen vieler Konfessionen und deren Repräsentanten verschuldeten, sondern auch die Haltung unserer modernen Wissenschaft gegenüber allem Grenzwissenschaftlichen. Beides ist für die verloren gegangenen Wahrheiten der christlichen Lehre verantwortlich.
Dies aber zu erkennen und mit Gott in einen neuen, konstruktiven Dialog einzutreten, lässt einen zu ermutigenden Erfahrungen und Erkenntnissen kommen.

## Eine Frage der Wortwahl

Wenn ich zu den Menschen in meinen Seminaren über die Techniken und Hintergründe von Affirmation und Imagination spreche, so erlebe ich vielfach, dass diese zunächst euphorisch damit beginnen, an sich zu arbeiten. Verwende ich aber statt den Worten »Affirmation« und »Imagination« vielleicht einmal das Wort »Gebet«, so spüre ich sehr deutlich, wie sich eine Art geistige Hürde zwischen mich und meine Teilnehmer schiebt.
Ist es nicht lächerlich, dass Worthülsen, die doch im Grunde genommen ein und dasselbe meinen, derart vehemente Reaktionen auslösen können? Fast ein jeder,

dem ich erzählte, dass ich beabsichtige, etwas über Gottvertrauen und Spiritualität zu schreiben, riet mir davon ab. Ist es aber nicht beängstigend, dass es fast noch ein Tabu ist, die Wahrheit beim Namen zu nennen, obwohl viele ebenfalls längst erkannt haben, dass man allein mit der Motivationsformel: »Du schaffst es, du musst es nur tun!« die vielfältigen Herausforderungen und Rückschläge auf dem Weg zu seinem Ziel niemals zu meistern in der Lage ist. Wer wirklich weiterkommen will auf diesem Weg, der muss immer dann, wenn er an die natürlichen Grenzen seiner bisherigen unterbewussten Kapazitäten und Fehlprogrammierungen stößt, eine Stufe tiefer gehen. Tut er dies nicht, so bleibt er irgendwann auf der Strecke hängen. Viele, die vor Jahren mit Motivation und positivem Denken begannen, haben längst festgestellt: Wenn sie sich nicht ihrem göttlichen Ursprung zuwenden, geht so gut wie nichts mehr vorwärts auf diesem Weg.

## Reinkarnation, eine der wichtigsten Säulen des Christentums

Natürlich ist mein Gottvertrauen nicht plötzlich von heute auf morgen entstanden. Im Gegenteil, es entwickelte sich ganz allmählich von Erfahrung zu Erfahrung. Der unselige »Grauschleier« des ewigen Misstrauens war allerdings relativ schnell verschwunden und hemmte meine Entwicklung in Sachen Spiritualität nicht mehr. Als auch ich mich mit den Themen Leben nach dem Tod und damit auch der Reinkarnation zu befassen begann, erwiesen sich manche Bücher als eine Fundgrube.

Dort fand ich unter anderem auch meine Befürchtung bestätigt, dass es sich bei diesem höchst brisanten Thema »Reinkarnationslehre« in Wirklichkeit um eine der Hauptsäulen des Christentums handelt. Die Lehre von der Reinkarnation wurde nämlich im 6. Jahrhundert beim Konzil von Konstantinopel von der katholischen Kirche willkürlich zur Irrlehre erklärt, aus der Bibel gestrichen und eine Weiterverbreitung unter Androhung der Todesstrafe verboten.

Obwohl man heute die Wahrheit um all diese Vorgänge kennt, bleibt die Kirche bei ihren im 6. Jahrhundert willkürlich getroffenen Entscheidungen und denkt nicht daran, diese wieder rückgängig zu machen.

Ich kann jedenfalls zusammenfassend sagen, dass sich durch die Anwendung des konstruktiven Denkens nicht nur mein gesamtes Leben positiver, gesünder und erfolgreicher gestaltet hat, sondern dass ich dadurch auch wieder zurück zu Gott fand, zu einem Gott, der sich mir heute in einer Größe, Güte und Liebe zeigt, wie ich dies früher nie zu glauben gewagt hätte.

Interessanterweise bestätigen mir genau diese Erkenntnis auch sehr viele Menschen, die mich auf diesem Weg nun schon seit Jahren begleiten, und ich denke, auch Sie werden sich langfristig solchen Erkenntnissen nicht entziehen können, wenn Sie im Anschluss an dieses Buch ebenfalls mit einer intensiven geistigen Arbeit beginnen.

## Die doppeldeutige Postkarte

Lassen Sie mich Ihnen dazu eine weitere kleine Geschichte erzählen, die mir vor einigen Jahren widerfahren ist und die unter anderem auch deutlich macht, wie großartig unsere geistige Führung ist, ob wir an sie glauben oder nicht. Was wiederum beweist, dass Gott jeden von uns gleich liebt – ob wir an ihn glauben oder nicht.

Vor vielen Jahren steckte ich nicht nur in einer finanziell sehr prekären Situation, sondern hatte auch beruflich mit einer ganzen Menge Probleme zu kämpfen. Eines Morgens brachte ein sehr unerfreulicher Anruf das Fass dann endgültig zum Überlaufen. Ich war nervlich am Ende und ließ meinen Tränen, meiner Verzweiflung und meiner Zukunftsangst deshalb freien Lauf. Unter anderem betete ich in meiner Verzweiflung: »Lieber Gott, bitte gib mir ein Zeichen, ob und wie es für mich jetzt weitergehen kann!«

Etwa zwei Tage später erhielt ich mit meiner Geschäftspost eine Postkarte, die mir eine gute Freundin mit folgender Bemerkung schickte: »Als ich vorgestern ›zufällig‹ diese Karte sah, hatte ich plötzlich das dringende Gefühl, sie dir gleich schicken zu müssen.« Als ich die Karte dann umdrehte, bekam ich schlagartig weiche Knie, so überwältigt war ich. Auf der Rückseite war nämlich die Zeichnung eines ziemlich verzagten Menschen, dessen linke Gesichtshälfte in seine Hand gestützt war, wie man dies eben tut, wenn es einem ziemlich mies geht. Auf der rechten Seite dieser Zeichnung sah man die Hand eines Engels tröstend auf der Schulter dieses verzweifelten Menschen liegen. Der Text zu dieser Zeichnung lautete – und achten Sie bitte auf die Doppelbedeutung: »Jeder Kummer hat seinen Engel«. Wer glaubt da noch an »Zufall«? Ich jedenfalls betrachtete es sofort und ohne zu zögern als die prompte Antwort auf meine zwei Tage zuvor gestellte Frage, wie es denn nun weitergehen könne, fasste sofort wieder Mut und machte beherzt und voll neuen Lebensmutes wieder weiter.

Was soll ich Ihnen sagen, knapp zwei Wochen danach löste sich mein gesamtes Angst- und Frustgebäude in Wohlgefallen auf, und meine Probleme lösten sich in Windeseile.

## Es geschah an einem ganz gewöhnlichen Tag

Heinz Preuss, einer meiner Leser, schickte mir vor Monaten den nun folgenden Brief, der ebenfalls belegt, dass einem die eigentlichen Hindergründe bislang völlig unverständlicher Vorgänge – die man früher lediglich als »Zufälle« bezeichnete – oft ganz klar und bewusst werden, wenn man beginnt, spirituell an sich zu arbeiten.

»Ich war«, so schrieb mir Heinz, »als Kind ein leidenschaftlicher Briefmarkensammler und verbrachte meine Zeit sehr oft vor ein und derselben Briefmarkenhandlung. Dort habe ich mir dann immer ganz fasziniert all die verschiedenen Briefmarken angeschaut, die ich selbst so gerne gehabt hätte, doch als 13-Jährigen fehlte mir einfach das nötige Kleingeld, sie mir zu kaufen. Ganz besonders war ich von einem so genannten ›Olympiablock‹ angetan, der damals immerhin 38 Mark kostete – viel Geld für ein Kind, aber trotzdem wollte ich ihn unbedingt haben. Meine Bitten bei meinen Eltern scheiterten kläglich. Eines Mittags ging ich mit meinem damaligen Freund Wolfgang (ebenfalls ein leidenschaftlicher Briefmarkenfreak) in die Stadt und steuerte mit ihm zielsicher die besagte Briefmarkenhandlung an.

Dort angekommen geriet ich sofort wieder ins Schwärmen über diesen Olympiablock, der immer noch im Schaufenster lag. Kurze Zeit später sprach mich dann vor jenem Schaufenster eine ältere Frau an und fragte mich, ob mir denn all diese Briefmarken gefallen würden, was ich natürlich sofort eifrig bejahte. Daraufhin meinte sie, ich solle ihr doch bitte meine Adresse geben, sie würde sich in Kürze bei mir melden, denn sie hätte eine kleine Überraschung für mich. Ich wusste erst gar nicht so recht, was ich tun sollte, denn die alte Dame kam mir, ehrlich gesagt, etwas verwirrt vor. Schließlich schrieb ich ihr aber dann doch meine Adresse auf und verabschiedete mich danach von ihr. Wolfgang lächelte nur süffisant, ich selbst war in ganz großer Erwartung, was diese Überraschung wohl sein könnte.

## Ein wahres Wunder

Zwischenzeitlich vergingen gut zwei Wochen. Ich war gerade alleine zu Hause, als es an der Haustür klingelte. Ich machte auf und vor mir stand jene alte Dame, die ich vor der Briefmarkenhandlung kennen gelernt hatte, bepackt mit zwei großen Tüten. Sie sagte: ›Du musst wissen, dass mein Mann vor einem halben Jahr verstorben ist; auch er war ein leidenschaftlicher Briefmarkensammler und brachte es im Laufe seines Lebens auf eine ganze Menge von Briefmarkenalben. Obwohl die ganze Verwandtschaft auf diesen Nachlass aus war, weigerte ich mich immer wieder, seine Sammlung herzugeben. Als ich dann allerdings deinen faszinierten und leidenschaftlichen Gesichtsausdruck vor dieser Briefmarkenhandlung wahrgenommen habe, da wusste ich, dass du es bist und niemand anderer, der die Sammlung verdient hat.‹

Sie stellte mir kurzerhand zwei große Tüten vor die Füße, verabschiedete sich von mir und ging. Ich wusste zunächst überhaupt nicht, wie mir geschah. Als ich die Tüten öffnete, fand ich darin die komplette Sammlung ihres verstorbenen Mannes, und als Krönung des Ganzen hatte sie fünf ›Olympiablöcke‹ in ein separates Kuvert gesteckt, auf dem stand: ›Dein größter Wunsch – gleich fünf Mal! Ich glaube, dein Wunsch war sehr, sehr stark, sonst hätten wir uns nie getroffen. Alles Gute!‹

Wie Sie sich vorstellen können, war ich natürlich völlig sprachlos, ebenso wie meine Eltern und auch Wolfgang, dem ich die Geschichte als Erstem erzählen musste.

Mittlerweile sammle ich schon lange keine Briefmarken mehr, bringe es aber einfach nicht übers Herz, diese Sammlung herzugeben. Ich hänge sehr daran und werde sie bestimmt irgendwann einmal an jemanden weiterschenken, der sie wie ich damals ›verdient‹.

Inzwischen ist einiges passiert, von dem ich behaupten kann, dass ich zwar konstruktiv dachte, allerdings leider oft auch in die falsche Richtung. Es ist mir ein Rätsel, ich kenne zwar die Prinzipien, doch es scheitert oftmals ganz einfach am Tun. Gerade dies möchte ich aber wieder aufleben lassen, zumal ich durch die eben geschilderte Begebenheit felsenfest davon überzeugt bin, dass es hundertprozentig funktioniert.

Ihr Buch gab mir zum ersten Mal seit langer Zeit wieder Hoffnung, denn endlich las ich einmal von einem Autor, der nicht nur Bücher schreibt, sondern der einen auch in der Praxisarbeit ganz vehement schulen, betreuen und unterstützen kann. Ich denke, ich schaffe es einfach alleine nicht ganz, und damit bin ich bestimmt kein Einzelfall, deshalb melde ich mich schon sehr bald für eines Ihrer berühmten Drei-Tages-Aktiv-Seminare an.«

## Was ist dran an diesen Trainings

Nun, man erlernt in einem solchen Aktiv-Seminar unter anderem die praktische Anwendung und Umsetzung geistiger Techniken ins tägliche Leben. Im Aktiv-Seminar erkennen die Teilnehmer, wie man seine unterbewussten Vorgänge liest, sichtbar macht, erkennt, einschätzt, beeinflusst und entscheidend positiv verändern kann. Wichtig ist dabei: Verletzte Gefühle heilen zu lernen. Fehlverhalten im Alltag zu deuten, geistige Blockierungen zu lösen und sich von innen heraus wirksam neu zu programmieren und zu konditionieren.

Was aber ist nun das Besondere an diesen Seminaren, die ich nun schon im achten Jahr ein- bis zweimal monatlich gemeinsam mit der Psychotherapeutin, NLP- und Mentaltrainerin Monika Junghanns veranstalte und wie unterscheiden sie sich von anderen.

Nun, wir beide, Monika und ich, wissen aus eigener Erfahrung und der unserer bisher etwa viertausend Teilnehmer sehr genau, dass es immer nur die aktive Arbeit direkt im Unterbewusstsein sein kann, mit der man wirklich den entscheidenden Schritt im Leben weiterkommt. Wir wissen dies deshalb, weil ausschließlich das praktische Loslassen alter Verhaltensmuster und Blockaden das entscheidende Bindeglied zwischen theoretischem Wissen und praktischem Umsetzen im täglichen Leben ist. Erkennen tut dies am Ende unseres Seminars fast jeder unserer Teilnehmer, aber eben erst am Ende, nachdem er zuerst einmal den Mut haben musste, in diese Praxisarbeit einzusteigen. Deshalb hören wir auch immer wieder die Aussage: »Endlich, nach so vielen Anläufen habe ich den gordischen Knoten durchschlagen und frage mich heute, warum ich so lange Angst vor dieser Arbeit hatte!«

Warum ist dies aber so, warum sind genau diese Praxisseminare für so viele Menschen im Vorfeld fast mit Horrorvorstellungen besetzt, die sich im Nachhinein nicht nur als völlig falsch herausstellen, sondern dem Bewusstsein auch signalisieren, dass genau diese Arbeit der entscheidende Durchbruch zum Besseren für sie war?

Lassen Sie mich Ihnen dies am besten wieder an einem kleinen Beispiel erklären. Nehmen wir an, Sie haben Zahnschmerzen und gehen nicht gleich zum Zahnarzt, weil Sie ganz einfach Angst vor Spritze, Bohrer und dem gesamten Zahnarztbesteck haben. Sie wissen zwar sehr genau, dass dieser Weg auf den »Stuhl« für Sie irgendwann sowieso unvermeidlich sein wird, schieben ihn aber trotzdem so lange hinaus, bis der Leidensdruck eines Tages so groß wird, dass Sie diesen Weg letztendlich dann doch gehen müssen. Im Wartezimmer angekommen, haben Sie zwar einerseits immer noch die gleiche Angst vor dem, was nun kommt, sehnen sich andererseits aber auch danach, endlich von Ihren bohrenden Schmerzen befreit zu werden. Wenn es dann soweit ist, kommt Ihnen die Spritze, vor der Sie sich zuvor so fürchteten, geradezu lächerlich vor im Vergleich zu dem Schmerz, der in Ihrem Kiefer tobt, und keine zwei Stunden später sind Sie bereits schon wieder froh, glücklich, zufrieden und schmerzfrei und fragen sich, warum Sie denn nicht gleich zum Zahnarzt gegangen sind.

So oder ähnlich ist es auch mit den Teilnehmern unse-

rer Seminare. Meist kommen Sie erst dann, wenn es fünf vor zwölf ist, anstatt zu dem Zeitpunkt, wo Umstände und Finanzen es noch locker erlauben würden.
Jeder aber, der einmal erfahren hat, mit wie viel spielerischer Leichtigkeit, mit wie viel Lebensfreude und Aha-Erlebnissen ein solches Aktiv-Seminar verbunden ist, schüttelt nach diesen drei Tagen den Kopf über sich selbst und darüber, dass er so lange zugewartet hat.
Es ist, um noch einen weiteren Vergleich zu benutzen, wie beim Schwimmen lernen, wirklich richtig umsetzen kann man das Gelernte eben wirklich erst dann perfekt, wenn man zuvor auch den Mut hatte, ins kalte Wasser zu steigen.

## Entscheidungen treffen

Der berühmte Esel, der zwischen den zwei Heuhaufen verhungerte, weil er sich nicht entscheiden konnte, sollte uns immer ein gutes und mahnendes Beispiel sein. Wer keine Lust hat, Entscheidungen zu treffen, der bleibt in der Regel stehen und muss entweder zusehen, wie andere an ihm vorbeiziehen oder für ihn Entscheidungen treffen. Natürlich ist es in Ordnung, über Entscheidungen intensiv nachzudenken. Übereilte Spontaneität ist natürlich auch nicht immer der beste Weg, Dauergrübeln dagegen zerrt sehr oft an den Kraftreserven und verhindert nur den Fluss des Lebens. Manchmal müssen wir uns eben damit abfinden, dass es selten eine objektiv richtige Entscheidung gibt, weil man ja nie wirklich erfährt, wie es weitergelaufen wäre, wenn man sich anders entschieden hätte. Eine mutige Entscheidung aber zu treffen und dazu zu stehen, ist in jedem

Fall immer besser als ewig zu zaudern. Wenn auch Sie Probleme mit Entscheidungen haben, dann lesen Sie jetzt bitte die beiden Storys, die ich Ihnen nun erzählen möchte und die, wie ich finde, beide äußerst deutlich und eindrucksvoll beweisen, dass es selbst in den schwierigsten Lebenssituationen niemals einen wirklichen Grund gibt zu verzagen und aufzugeben.

## Auf einem Bein voll im Leben

Als Heather Mills, das englische Top-Model, noch zwei gesunde Beine hatte, verdiente sie 600.000 Mark pro Jahr. Jetzt, einbeinig mit Prothese, bekommt sie 750.000 Mark. Ein trauriges Märchen mit einem wunderschönen Happyend.
Vor vier Jahren, mit fünfundzwanzig, wurde Londons schönstes Bademoden-Model von einem Motorradpolizisten angefahren: schwere Verletzung, künstlicher linker Unterschenkel. Ende der Karriere. Aber Heather gab nicht auf, sie lernte wieder laufen, hielt sich fit, zwang sich zu lächeln.
Und bekam jetzt aus Italien das sensationelle Angebot: 2,25 Millionen Mark für drei Jahre. Erste Model-Jobs: Sie boxt, reitet und springt im Brautkleid über den Pool, und das alles mit Prothese.

## Immer das Beste geben

Heather Withestone, eine 21-jährige taubstumme Frau aus Birmington (US-Staat Alabama) ist in den USA als erste behinderte Kandidatin zur Miss Amerika gekürt worden. Die Studentin der Betriebswirtschaft hofft, dass ihr Beispiel nicht nur andere behinderte Jugendliche anspornt. »Ich möchte die Kinder in Amerika herausfordern, das Beste zu geben. Ich hoffe, sie werden niemals, niemals daran zweifeln, dass sie alles, was sie anstreben, auch erreichen können«, sagte Whitestone. Sie erhält übrigens demnächst ein Stipendium über 35.000 Dollar, mit dem sie ihr weiteres Studium finanzieren will.

Beide Beispiele können Ihnen zeigen, was man sogar dann noch alles schaffen kann, wenn man wie Heather Withestone taubstumm ist; oder wie im Fall von Heather Mills bei einem Unfall ein Bein verloren hat. Was also kann Sie jetzt wirklich noch daran hindern, Ihr Leben ganz beherzt in die eigenen Hände zu nehmen und sich mit der Kraft Ihres Geistes und Ihrer Seele aus dem Dornröschenschlaf zu erheben und nach vorne zu marschieren?

# 13. Kapitel

- Ein verzweifelter junger Mann
- Die Wende
- Im Universum gibt es kein Vakuum
- Mit Wissen kommt Verantwortung
- Eine Freundschaft
- Es dauerte keine zehn Tage
- Theorie und Praxis
- Mit dem Mute der Verzweiflung
- Das Unglaubliche geschah
- Was war passiert?
- Auch Sie können dies testen
- Sogar die Haare auf deinem Haupt sind gezählt
- Es geht immer positiv weiter

# Denken ist plastisches Modellieren

Nun wissen Sie also sehr genau, dass Sie nichts und niemanden für Schwierigkeiten und Unebenheiten in Ihrem Leben verantwortlich machen dürfen, außer sich selbst. Deshalb sollten Sie ab sofort auch umgehend und mit viel Zuversicht, Mut und Optimismus ans Werk gehen und Ihre Zukunft ganz bewusst in die eigenen Hände nehmen. Seien Sie mutig und experimentieren Sie freudig darauf los, dann können die entsprechenden Resultate gar nicht ausbleiben. Jeder zieht aus seinem Leben eben nur das heraus, was er zuvor »hineingesät« hat. Die Straße der Freiheit liegt nun also vor Ihnen und Sie sollten deshalb ab heute alles, was Sie sich wünschen oder als schön empfinden, geistig bereits in Empfang nehmen. Raum für Enttäuschung und Frust wird es immer geben, denn das Leben ist nun mal eine Schule mit den entsprechenden Prüfungen, aber von nun an liegt es an Ihnen, ob Sie sich im Selbstmitleid »suhlen« oder ob Sie sich in den eigenen »Allerwertesten« treten und der Wahrheit und Schönheit Ihres Lebens die Ehre geben. Ich weiß selbst am besten, dass dies nicht immer leicht ist, aber ich weiß auch, dass man es schaffen kann.

## Ein verzweifelter junger Mann

Vor einigen Monaten rief mich ein junger Mann an, der meine Bücher gelesen hatte, und er erzählte mir, dass seine Freundin, mit der er fast drei Jahre zusammengelebt hatte, einen Tag zuvor ausgezogen sei. Er weinte vor lauter Verzweiflung am Telefon und war völlig am Boden zerstört. Daraufhin habe ich ihn sofort an die geistigen Gesetzmäßigkeiten erinnert, nach denen zu vermuten war, dass schon bald eine neue, noch bessere Partnerin auftauchen würde und er deshalb sofort wieder fröhlich sein sollte. Keine fünf Minuten danach war alles in Ordnung bei ihm und er hatte wieder prächtige Laune.
Das glauben Sie nicht? Ehrlich gesagt, das müssen Sie auch nicht, denn das war schlicht geschwindelt. Natürlich hätte ich ihn mit einer solch leeren Phrase zu diesem Zeitpunkt nicht wirklich trösten können, und deshalb habe ich dies auch gar nicht erst versucht. Zunächst habe ich ihm einfach nur zugehört und ihn berichten, schluchzen und weinen lassen, denn in dieser Phase war zunächst Trauerarbeit und nicht die Zeit für einen seelischen Aufbau angesagt. Auch in den nächsten zwei Wochen war er noch sehr betroffen, verletzt und weinte noch manche bittere Träne. Nachdem er seine Trauerarbeit nach vier bis fünf Wochen dann endlich abgeschlossen hatte, meldete er sich, auf meinen Rat hin, zum Aktiv-Seminar in Bad Mergentheim an, mit der Begründung: »Ich muss endlich wieder raus aus meinem Loch.« Während des Seminars hatte ich dann den Eindruck, man habe einer vertrockneten Topfpflanze endlich wieder einmal Wasser gegeben, so blühte er auf, und am Ende dieser drei Tage war er fast schon

wieder der Alte, lachte, klopfte Sprüche und seine Augen strahlten wieder Lebensfreude pur aus.

## Die Wende

Zwei Monate danach war er auf einer Geburtstagsparty bei Freunden eingeladen und lernte dort eine Frau kennen, in die er sich unsterblich verliebte. Als er mich anrief, erzählte er mir begeistert, dass sie genau all das verkörpere, was er sich physisch und geistig schon immer unter der idealen Partnerin vorgestellt hätte.
Das Leben, und dieses Beispiel macht es besonders deutlich, ist zwar immer auf unserer Seite, wenn wir aufbauend denken, aber das bedeutet selbstverständlich nicht, dass wir nicht auch weiterhin noch Schmerzen erleben werden und Trauerarbeit verrichten müssen, wenn einmal wieder etwas Altes und Überholtes losgelassen werden muss.
Damit sind wir aber auch gleich an einem wichtigen Punkt unseres Lebens angekommen, denn oft geht zwar etwas Altgewohntes verloren, aber das Neue, das dies ersetzen könnte, ist noch nirgendwo in Sicht. In diesen Situationen zweifelt man dann sehr gerne an allem: an sich selbst, an der Funktionsweise der geistigen Gesetze sowie an Gott und der Welt. Ich kenne viele, die in solchen Augenblicken an rein gar nichts mehr glauben können und wollen. Trotzdem, genau diese schwierigen Situationen sind die eigentlichen wahren Prüfungen, die uns das Universum vorlegt und die von uns bestanden werden müssen. Mit lachender Miene spazieren zu gehen, wenn die Sonne scheint, das kann jeder. Bei Regen, Kälte und Sturm verändert sich der Gesichtsausdruck

dann aber doch schon merklich. Aber Wolken und Stürme kommen und gehen immer wieder, über den Wolken aber scheint weiterhin die Sonne wie eh und je von einem azurblauen Himmel. Gerade in schwierigen Situationen entscheidet sich deshalb, wo Sie stehen. Man darf ruhig einmal in ein Loch fallen, für ein oder zwei Tage, aber danach muss auch wieder der Kick erfolgen, denn: Hinfallen darf man, nur Liegenbleiben ist verboten! Nochmals: »Ich kann nicht« heißt immer »Ich will nicht.«

## Im Universum gibt es kein Vakuum

Nicht umsonst weise ich unaufhörlich auf eine unerlässliche Selbsterziehung in Sachen Disziplin hin, denn wer mit den geistigen Gesetzen intensiv arbeitet, der muss mit Veränderungen und Umbrüchen rechnen, denn das ist doch genau das, was er mit seiner Arbeit erreichen will. Diese Umbrüche führen zwar letztendlich zum Guten, wenn Sie ehrlich und aufrichtig daran gearbeitet haben, aber oft fegt der »Orkan« der Erneuerung zuerst einmal das Alte und Überholte weg und dann heißt es stark, standhaft, eisern, mutig und optimistisch zu bleiben.
Ich kannte vor Jahren einmal einen jungen Mann, der sich das Leben nahm, nur weil sein Arbeitskollege ihm zusteckte, er hätte gehört, dass er entlassen werden solle.
Merken Sie sich immer das eine: Im Universum gibt es niemals ein wirkliches Vakuum. Wenn etwas Altes geht, kommt auch wieder etwas Neues, und wenn Sie ständig positiv an Ihren Zielen arbeiten und dranbleiben,

dann wird das Neue zwangsläufig auch das Bessere sein müssen. Im »White Eagle-Lesebuch« (München 1994) lesen wir dazu: »Habe Vertrauen in jene himmlische Liebe, welche dich umschlungen hält. Du brauchst nichts zu fürchten. Wenn du nicht weißt, welchen Weg du einschlagen sollst, dann bleibe stehen. Sei still und ruhig, und du wirst sehen, wie wunderbar sich die Umstände fügen. So viel Durcheinander entsteht, wenn du etwas vorantreiben willst. Du kommst nur in Verwirrung und du musst wieder von vorne anfangen. Sei daher ruhig und vertraue auf Gott.
*Warte auf Führung:* Alles ereignet sich im richtigen Moment – zur von Gott gutgeheißenen Zeit. Ihr auf Erden kennt diese Zeit nicht immer, doch wenn ihr euch der geistigen Führung anvertrauen und geduldig auf ein klares Zeichen zum Handeln warten wolltet, dann werdet ihr richtig geführt.
*Gott kann Probleme lösen:* Manchmal wirst du vor ein Problem gestellt, das durch den menschlichen Verstand oder durch irgendwelche materiellen Mittel unlösbar scheint. Dann überlasse dich Gott in echter Demut. Übergib die Lösung des Problems Gott. Wisse, wo Menschen fehlen versagt die Macht Gottes nie.
*Erwarte das Beste:* Verzweifle nicht, verharre nicht bei der negativen Betrachtung irgendeiner Situation, denn es hilft dir nichts. Setze stets aufbauende Kräfte in Bewegung. Glaube, dass das Gute kommen wird, dass das Beste naht – und es kommt. Wir in der Welt des Geistes werden dich nie im Stich lassen. Auch wir sind Gottes Kinder und außerdem seine Boten. Wir lassen dich niemals im Stich.«

## Mit Wissen kommt Verantwortung

Mit mehr Wissen kommt automatisch auch mehr Verantwortung. Deshalb ist es auch immens wichtig, die Wahrheit ständig im Auge zu behalten. Wir alle müssen uns wirklich standhaft und konsequent weigern, uns mit anderen im »Schmutz zu wälzen«. Dies bedeutet, man kann nicht zwei Herren dienen und drei Tage pro Woche geistige Gesetzmäßigkeiten leben und die restliche Zeit mit Kollegen am Arbeitsplatz oder mit Freunden in der Kneipe höchst destruktive Gespräche führen und zum Beispiel über nicht Anwesende herziehen, schimpfen oder gar einen Streit vom Zaun brechen. Passen Sie deshalb sehr genau auf, mit welchen Menschen Sie Umgang pflegen und trennen Sie sich rasch von all den Miesmachern und Meckerern in Ihrer Umgebung, denn wie heißt es bereits bei Matthäus 15,14: »Wenn aber ein Blinder einen Blinden führt, dann fallen sie beide in die Grube.«

Gerade in schwierigen Zeiten sollten Sie deshalb wertvolle Freunde und gute Berater an Ihrer Seite haben, die Sie positiv beeinflussen und motivieren können, und nicht solche, die Sie noch tiefer in den Sumpf der Negativitäten hineinziehen.

## Eine Freundschaft

Als ich vor etwa zehn Jahren einmal ein so genanntes Power-Seminar besuchte, ging kurz vor Schluss der Veranstaltung ein Bastkorb reihum, in den wir Teilnehmer das Trinkgeld für das Hotelpersonal, das uns in diesen drei Tagen betreut hatte, deponieren konnten. Der damalige Seminarleiter forderte uns in diesem Zusammenhang dann auch auf, die Gesetzmäßigkeiten des Geistes doch sofort einmal ganz praktisch auf Herz und Nieren zu testen. Grundlage war wie immer das geistige Gesetz von Ursache und Wirkung. »Was immer ihr in diesen Korb legt«, meinte er, »vorausgesetzt ihr tut es gerne und aus vollem Herzen, wird schon bald wieder vervielfacht zu euch zurückkehren. Voraussetzung ist allerdings, dass ihr, während ihr den Betrag in den Korb legt, ganz ernsthaft zu den Scheinen oder Münzen redet: ›Sagt bitte euren Freunden in Stadt und Land, sie sollen zu mir zurückkehren!‹« Und, so fuhr er fort, das ist das Allerwichtigste, »dass ihr keinen einzigen Moment das bereut, was ihr getan habt. Nur wenn die Energie nämlich ungehindert von euch wegfließen kann, kann sie auch wieder verstärkt und vermehrt zu euch zurückkehren.«

Als der Korb dann bei mir und meinem neuen Freund Volker, den ich übrigens auf diesem Seminar erst kennen gelernt hatte, ankam, stockte mir fast der Atem: Während ich nämlich gerade noch überlegte, ob ich 20, 30 oder 40 Mark in den Korb legen sollte, stülpte Volker neben mir, über das ganze Gesicht wie ein Honigkuchenpferd grinsend – sein gesamtes Portemonnaie um. Insgesamt »flatterten« vier Hunderter, ein Fünfziger und Münzen im Wert von mindestens 20 Mark in den Korb. Ich musste damals wohl dreingeschaut haben wie der berühmte Auerochse als es blitzte, denn als Volker meinen Gesichtsaudruck sah, lachte er nur laut auf und sagte: »Auf Junge, wer viel will, muss zuvor auch viel auf den Weg bringen!« Mir, als Schwabe, wurde damals fast schwarz vor Augen, denn auch ich hatte zu diesem Zeitpunkt fast

500 Mark in meinem Geldbeutel. Ich überlegte ganz kurz, ob ich mit meinem halbvollen Tank noch problemlos nach Hause kommen würde, und als mir dies so gut wie sicher erschien, schüttelte auch ich »todesmutig« den Inhalt meiner Geldbörse in den Korb, sagte meinen Spruch von »den Freunden in Stadt und Land, die doch bitte zu mir zurückkehren mögen« dazu und reichte ihn weiter reihum, ohne auch nur eine Sekunde das zu bereuen, was ich soeben getan hatte. An diesem Tag wurden sage und schreibe über 2.400 Mark gesammelt – Sie können sich sicher denken, wie begeistert anschließend das Hotelpersonal war.

## Es dauerte keine zehn Tage

Der damalige Seminarleiter machte uns zum Schluss dann auch noch eindringlichst darauf aufmerksam, dass wir von nun an auf gar keinen Fall darauf achten dürften, wie und was nun in der Angelegenheit passieren würde. Gott sei Dank lag Montags dann auch so viel Arbeit auf meinem Schreibtisch, dass ich schon gar nicht in Gefahr geraten konnte, darüber nachzugrübeln. Etwa fünf Tage später hat Volker bei einer Straßenlotterie 1000 Mark gewonnen, und etwa zur exakt gleichen Stunde erhielt ich einen Provisionsscheck in Höhe von 1.600 Mark von einer Lebensversicherungsgesellschaft, von der ich mich vor fünf Jahren getrennt hatte. In dem Brief, der den Scheck enthielt, stand unter anderem zu lesen: »Durch ›Zufall‹ ist uns aufgefallen, dass sich auf Ihrem Provisionskonto noch 1.600 Mark Restguthaben befanden.«
Volker und ich besuchten gemeinsam drei solcher Se-

minare – ich selbst insgesamt sechs – und, ob Sie es glauben oder nicht, jedes Mal war es dasselbe, das gespendete Geld kam immer wieder auf den wunderbarsten Wegen vervielfacht zu uns zurück.

## Theorie und Praxis

In meinen eigenen Seminaren erzähle ich diese Geschichte auch meist am Ende des Seminars, kurz bevor wir den Trinkgeldkorb herumgehen lassen. Interessant ist für mich immer wieder, wie wenig »Peters und Volkers« es doch gibt. Obwohl wir immer eine großartige Summe zusammenbekommen, haben viele offensichtlich immer dann ein ganz großes Problem mit dem konstruktiven Denken, wenn es ans Tun geht, sie haben ganz einfach Angst zu vertrauen. Obwohl sehr viele Teilnehmer dringend eine Finanzspritze brauchen könnten, behält beim Griff ins Portemonnaie doch immer wieder ihr »innerer Schweinehund« die Oberhand und es ist auch für Monika und mich höchst interessant zu sehen, wie mächtig jener »innere Schweinehund« bei den meisten doch ist und wie schwer sie sich dabei tun, wirklich vertrauensvoll in die Praxisarbeit einzutreten.
Einige aber packen es immer wieder, interessanterweise die, die eh schon genug haben und deshalb mit normalem Pulsschlag handeln und es danach auch wieder vergessen können. Die Ergebnisse sind allerdings immer dieselben, denn die geistigen Gesetze funktionieren nun mal so präzise wie ein Schweizer Uhrwerk.
Manchmal schaffen es aber auch Menschen, sich zu überwinden, die mit dem Mut der Verzweiflung ihr letz-

tes Geld rausrücken, nachdem sie sich das Seminar schon kaum hatten leisten können. Von einem dieser Teilnehmer, der übrigens ein sensationelles Ergebnis mit genau dieser Geldvermehrungsmethode erzielte, möchte ich Ihnen zum guten Schluss noch berichten.

## Mit dem Mute der Verzweiflung

Er hieß Alfred, kam aus den neuen Bundesländern und lieh sich von seinen Eltern das Geld für das Seminar. Finanziell war er sozusagen total »trocken«, aber nachdem er in meinem Buch »Ab heute besser drauf« (München 1995) gelesen hatte, was nach diesen drei Tagen so alles an Positivem abgehen kann, wenn man sich selbst etwas wert ist und Bereitschaft zeigt, intensiv mitzuarbeiten, entschloss er sich spontan, sich anzumelden. Von Beruf war er Fertighausverkäufer, ach nein, falsch, er war lediglich Fertighausanbieter. In Sachen Verkauf tat sich nämlich seit über einem halben Jahr schon nichts mehr bei ihm.
So weit, so gut. Das Seminar ging also dem Ende entgegen, alle waren super drauf und strotzten vor Kraft und Tatendrang, als wieder einmal unser Geldkörbchen und meine Geschichte von der »wundersamen Vermehrung der bunten Scheine« die Runde machte. Ich weiß es noch wie heute, wie er mit Hunderten von Schweißperlen auf der Stirn seinen Geldbeutel mit dem Mute der schieren Verzweiflung wendete und wie er sich später von einem anderen Seminarteilnehmer wieder 20 Mark für Benzin pumpte, denn daran hatte er in der Aufregung gar nicht mehr gedacht.

## Das Unglaubliche geschah

Das alles geschah sonntags gegen 13.15 Uhr. Als ich am Montagabend gegen 23.15 Uhr von einer Vortragsveranstaltung nach Hause kam, fand ich ein Fax von ihm vor. Inhalt: »Ruf mich bitte sofort an, wenn du nach Hause kommst. Es ist ein Wunder geschehen! Wahnsinn!«
Ich griff natürlich sofort zum Telefon und rief ihn an. Als er den Hörer abnahm und mir völlig perplex und aufgelöst seine Story erzählte, musste allerdings auch ich mich schlicht hinsetzen, so baff war ich. Ich hatte natürlich schon sehr viele erfreuliche Anrufe in dieser Hinsicht bekommen, aber noch nie in dieser Größenordnung.

## Was war passiert?

Am Montag nachmittag gegen 16.00 Uhr kam ein Ehepaar in sein Büro und fragte nach Preis und Ausstattung des größten Musterhauses auf dem Ausstellungsgelände, das, so wie es dort stand, inklusive Keller, ausgebautem Dachgeschoss, zwei Loggien, vier Dachgauben und vielem andern mehr, insgesamt 1,7 Millionen Mark kostete. Besichtigung, Beratung, und so weiter dauerten in etwa dreieinhalb Stunden, und danach verabschiedeten sich die beiden Interessenten dann auch wieder von ihm. Zwischen Tür und Angel erfuhr er allerdings dann auch noch, dass sich dieses Ehepaar schon seit Wochen für ein ähnliches Objekt der Konkurrenz interessiert hatte. Weil aber der dortige Verkäufer ihnen am Tag zuvor (am Sonntag zwischen 13.00 und 14.00 Uhr, während Alfred gerade den Geldbeutel im Seminar umstülpte) erklärte, jetzt sei aber dann genug beraten, sie sollten doch endlich den Vertrag unterschreiben, hatten sie völlig verärgert das Musterhaus dieser Firma verlassen.

Gerade als er dann in sein Auto einsteigen wollte, um nach Hause zu fahren, sprach ihn dieses Ehepaar, das zwischenzeitlich in einem Bistro in der Nähe ein kleines Abendessen eingenommen hatte, nochmals an, um noch ein, zwei Fragen zu klären.

Gemeinsam ging man also zurück ins Büro. Nach Klärung dieser Details sagte die Ehefrau dann urplötzlich zu ihrem Mann: »So, nachdem nun alle Unklarheiten beseitigt sind, können wir ja dann auch gleich den Vertrag aufsetzen!«

Unser sächsischer Freund glaubte seinen Ohren nicht zu trauen, holte aber unverzüglich sein Auftragsformular aus der Schublade, und kurz nach 21.30 Uhr waren die Unterschriften getätigt.

Die Verkaufsprovision für ihn: Insgesamt etwa 50.000 Mark!

Als ehemaliger Makler weiß ich natürlich, dass ein solcher Hausvertrag erst dann wirklich zählt, wenn die Baugenehmigung erteilt ist, aber innerhalb der nächsten drei Monate war auch das erledigt.

Dreieinhalb Monate nach dem mutigen Spruch »Sag deinen Freunden in Stadt und Land, sie sollen zu mir zurückkehren« und der Spende seiner letzten 100 Mark war dann endlich klar, dass sein Mut, alles wegzugeben, was er besaß, sich in Form von 50.000 Mark ausgezahlt hatte. Überflüssig zu erwähnen, dass Alfred sein Glück kaum fassen konnte.

## Auch Sie können dies testen

Auch Sie können dieses magische Experiment machen, wenn Sie einmal wieder Geld für andere ausgeben, aber denken Sie bitte an die Spielregeln:
1. Das Geld ausgeben und Ihre Bitte um Vermehrung dabei laut aussprechen: »Sagt bitte euren Freunden in Stadt und Land, sie sollen zu mir zurückkehren.«
2. Weder über die möglichen Auswirkungen der Aktion nachdenken noch das eben Getane auch nur im Geringsten bereuen.
3. Die Angelegenheit völlig loslassen, vergessen, abhaken.
Versuchen Sie es anfangs am besten mit kleineren Beträgen, spenden Sie vielleicht etwas einer karitativen Organisation, einem Straßensänger oder einem Obdachlosen.
Sehr wichtig ist, dass Sie das Geld nicht für sich ausgeben, denn der Bauer kann ja auch nicht sein eigenes Saatgut aufessen, er muss es zuerst weitergeben, damit es sich vermehren kann. Sie werden aber ganz bestimmt sehr bald schon staunen, wie perfekt die universellen Gesetze der Vermehrung arbeiten, wenn man ihnen vertraut und die Spielregeln genau einhält.

## Sogar die Haare auf deinem Haupt sind gezählt

Lassen Sie mich Ihnen zum Schluss dieser Geschichte nun nochmals ein Zitat aus dem »White Eagle-Lesebuch« (München 1994) nahe bringen.

»Möge es dich in Zeiten von Spannungen und Schwierigkeiten trösten, wenn wir dir sagen, wie sehr es sich lohnt, alles, was du erleidest und erduldest, und die Selbstdisziplin, die du dir auferlegst, zu ertragen. Es ist nicht umsonst, denn es trägt dich vorwärts und aufwärts in das herrliche, glückliche und vollkommene Leben. So lange du im Körper weilst, lebst du in scheinbarer Dunkelheit und Einschränkung und kennst nicht den Leitstern über dir, der mit deinem Herzen verbunden ist. Die stillen Wächter, die dich während deiner Erdenreise begleiten, siehst du nicht. Kaum begreifst du, wie gut du behütet und geführt wirst. Sagte nicht der Meister: ›Kein Sperling fällt vom Dach, ohne dass der Vater im Himmel wüsste‹ und ›Sogar die Haare auf deinem Haupte sind gezählt!‹ Du aber vergisst diese Weisheitsworte, wenn du in deinen kleinlichen Ängsten gefangen bist. Du wirst von deinen Befürchtungen heimgesucht, ja sogar besessen.

Wenn du dich doch an die Christusworte erinnern wolltest, dass der Vater deine Bedürfnisse kennt und dass er dein Leben so geplant hat, dass letztendlich Glück und nicht Sorge auf dich wartet! Allmählich lernst du, deinem Schöpfer zu vertrauen und die Erfahrung wird dich lehren, dass aus allem Bitteren etwas Gutes resultiert und dass nichts so schlimm ist, wie du fürchtest.

Versuche das, was wir sagen, in Erinnerung zu behalten. Wir wissen, dass etliche von euch dringend Trost, Mut und Aufmunterung brauchen. Sei versichert, mein Freund, dass der Vater im Himmel deine Nöte kennt. Was dir jetzt geschieht, formt deinen Charakter und bringt Schönheit in dein Leben. Du denkst vielleicht, wir seien überoptimistisch. Wir haben aber allen

Grund, optimistisch zu sein, denn unsere Sicht reicht weiter als die deine, und wir können sehen, dass alles gut wird.
Fürchte nie den Weg, der vor dir liegt. Wie Gott dein ganzes Leben lang über dich wachte und dich trotz deiner Ängste durch alle Prüfungen und Nöte deines Lebens brachte, so wird er dich auch durch die größte Dunkelheit ins Licht führen.«

## Es geht immer positiv weiter

Dieser weise Spruch hängt seit Jahren schon an der meinem Schreibtisch gegenüberliegenden Wand. Ich weiß nicht genau, wie oft er mich in diesen Jahren erfolgreich daran hinderte, sich mir aufdrängende Befürchtungen und Ängste zuzulassen, aber es war bestimmt einige Male der Fall.
Mit Motivation und Begeisterung kann man sicher einiges im Leben bewegen; trotzdem ist beides nur die Spitze eines riesigen Eisberges. Um langfristig Fortschritte im Leben zu machen und um zu begreifen, was der wirkliche Sinn und Zweck unseres Lebens ist, müssen wir tiefer hinabsteigen in die verborgenen Sphären des Wissens und des Glaubens. Das Leben selbst ist eine Schule und nichts anderes. Je älter wir werden, desto mehr verstehen wir, dass Geld und Erfolg nur so lange bei uns bleiben, wie wir es mental zulassen. Arbeiten wir nicht an uns und lassen wir es zu, uns allein vom Glanz und Glamour dieser Welt blenden zu lassen und Erfolg immer nur an der Anzahl der Nullen vor dem Komma auf unserem Konto definieren, werden wir schnell feststellen, dass wir damit allein nicht viel wei-

terkommen. Der Glaube an Gott, das wachsende Vertrauen in die geistigen Gesetzmäßigkeiten und der unvermeidbare Abschied von Egozentrik und Selbstsucht sind langfristig gesehen jene Ziele, die wir irgendwann alle ansteuern müssen, und so wie die Natur uns im Außen mittels Naturkatastrophen immer widerspiegelt, wie klein und machtlos wir Menschen doch in Wirklichkeit sind, so schafft das Leben immer wieder Umstände und Situationen, die uns zum Umdenken auffordern. Entweder wir tun dies dann, oder wir fallen noch tiefer in die Krise, greifen vielleicht zu Alkohol, Tabak, Drogen, Selbstjustiz, Hass und Gewalt. Dies sind, wie Sie zwischenzeitlich wissen, allerdings mit Sicherheit die untauglichsten Mittel, aus Krisen herauszukommen, im Gegenteil, sie sind meist der sichere Weg ins Verderben. Wenn wir dagegen lernen und begreifen, dass wir dann, wenn wir wirklich mit dem Leben fließen und uns den jeweiligen Lektionen und Herausforderungen in unserem Leben stellen, so beginnen wir wirklich und tatsächlich intuitiv zu erfassen, was Christus meinte, als er sagte: »An ihren Früchten sollt ihr sie erkennen.«

Ich selbst habe die Erfahrung gemacht, dass einen nichts, aber auch gar nichts im Leben blockiert und aufhält, außer unser eigenes Denken und unsere falschen Überzeugungen. Wenn also auch Sie dieses Buch in einer für Sie schwierigen Zeit lesen, dann wenden Sie am besten meine darin gegebenen Tipps und Ratschläge sofort und konsequent an und Sie werden sehen, dass bald schon wieder der berühmte Silberstreifen am Horizont auftauchen wird. Schieben Sie bitte auch niemals die Schuld auf andere oder gar auf Gott, wenn es einmal wieder nicht ganz so optimal läuft, wie Sie sich dies vielleicht vorstellen. Tun Sie einfach heute noch den ers-

ten Schritt und Sie werden sehen, was passiert. Halten Sie durch, auch wenn Sie oft am liebsten aufgeben würden. Denn es ist immer besser, selbst eine Kerze anzuzünden, als im Dunkeln zu sitzen und darauf zu hoffen, dass andere dies für Sie tun. Glauben Sie an sich und vertrauen Sie darauf, dass das Gesetz des Universums immer auf Ihrer Seite ist, wenn Sie ganz bewusst den ersten Schritt in die richtige Richtung tun. Merken Sie sich: Niemand ist wirklich geschlagen, so lange er sich nicht selbst aufgibt!
In diesem Sinne alles Gute für Sie und Gottes Segen auf all Ihren Wegen.

# Literaturhinweise

*Ackermann, R.:* »Ab heute tu ich, was ich will«, München 1997.
*Bach, R.:* »Die Möwe Jonathan«, Berlin 1972.
–: »Illusionen«, Berlin 1978.
*Börner-Kray, B.:* »Der geistige Weg zum Überleben«, München 1985.
*Brückmann, U.:* »Das Ende der Endzeit«, Fichtenau 1998.
*Carnegie, D.:* »Sorge Dich nicht, lebe!«, München/Wien 1949.
*Cerminara, G.:* »Karma und Wiedergeburt«, München 1993.
*Coelho, P.:* »Der Alchimist«, Zürich 1996.
–: »Der fünfte Berg«, Zürich 1998.
–: »Veronika beschließt zu sterben«, Zürich 2000.
*Cole-Wittaker, T.:* »Mentaltraining im Alltag«, München 1997.
*Davis, R.:* »So kannst Du Deine Träume verwirklichen«, Friedrichsdorf 1973.
–: »Wahrheitsstudien«, Friedrichsdorf 1975.
–: »Die Macht der Seele. Erlebte Wirklichkeit«, Friedrichsdorf 1978.
–: »Entfalte Dein inneres Potenzial«, Friedrichsdorf 1993.
*Dethlefsen, T.:* »Schicksal als Chance«, München 1997.
*Dethlefsen, T./Dahlke, R.:* »Krankheit als Weg«, München 1983.
*Emmerson, R. W.:* »Essays«, Zürich 1982.
–: »Das Emmerson-Brevier« (K. O. Schmidt), Pforzheim 1980.
–. »Spanne Deinen Wagen an die Sterne«, Freiburg/Basel/Wien 1980.
*Fox, E.:* »Die Kraft der universellen Lebensenergie«, München 1982.
–: »Die Bergpredigt«, Pforzheim 1966.
*Frank, U.:* »Was passiert, wenn ich sterbe«, Weiler im Allgäu 1989.

*Friebe, M.:* »Das Alpha-Training«, Zürich 1986.
–: »Das Omega-Training«, Zürich 1988.
–: »Geh durchs Tor, Miranada«, München 1989.
–: »Vom Kopf zum Herzen« (Brevier für den Manager des neuen Zeitalters), Zürich 1990.
–: »Das Sonnenbewusstsein«, Schaffhausen 1995.
*Gawain, S.:* »Im Garten der Seele«, München 1988.
–: »Leben im Licht«, München 1990.
–: »Stell Dir vor«, Basel 1984.
*Griscom, Ch.:* »Heilung der Gefühle, Angst ist eine Lüge«, München 1988.
*Gruber, E./Kersten, H.:* »Jesus starb nicht am Kreuz«, München 1998.
*Haich, E.:* »Einweihung«, Ergolding 1985.
*Hay, L.:* »Du bist Dein Heiler«, München 1987.
–: »Gesundheit für Körper, Geist und Seele«, München 1989.
–: »Liebe Deinen Körper«, Freiburg 1990.
–: »Heile Deinen Körper«, Freiburg 1989.
–: »Wahre Kraft kommt von innen«, Freiburg 1992.
*Hill, N.:* »Denke nach und werde reich«, Genf 1975.
*Höller, J.:* »Sprenge Deine Grenzen«, München 1998.
*Holey, H.:* »Jesus 2000«, Fichtenau 1997.
–: »Bis zum Jahr 2012«, Fichtenau 2000.
*Holmes, E.:* »Vollkommenheitslehre«, Friedrichsdorf 1985.
–: »Der Schlüssel zu Deinem wahren Wesen«, Friedrichsdorf 1983.
–: »Das hilft mir heute«, Friedrichsdorf 1990.
*Kersten, H.:* »Jesus lebte in Indien«, München 1993.
*Kirschner, J.:* »Die Kunst, ein Egoist zu sein«, München 1976.
*Kobjoll, K.:* »Begeisterung ist übertragbar«, Zürich 1993.
*Kummer, P.:* »Ich will, ich kann, ich werde«, München 1994.
–: »Nichts ist unmöglich«, München 2000.
–: »Ab heute besser drauf«, München 1997.
–: »Warum geschieht gerade das ausgerechnet mir«, Landsberg 1997.
*Lejeune, E.:* »Lebe ehrlich – werde reich!«, Landsberg 1997.
*Markides, K. C.:* »Der Magus von Strovolos«, München 1988.
*McLaine, S.:* »Zwischenleben«, München 1985.
–: »Zauberspiel«, München 1984.
–: »Tanz im Licht«, München 1986.

*Mulford, P.:* »Unfug des Lebens und des Sterbens«, Frankfurt/M. 1977.
–:»Die Möglichkeit des Unmöglichen«, Berlin 1972.
–:»Ausgewählte Texte«, München 1986.
–:»Alltagsphilosophie«, Zürich 1982.
–:»Seeleninventar«, Zürich 1981.
–;»Einer, der es wagt«, Pforzheim 1970.
*Ponder, C.:* »Die dynamischen Gesetze des Reichtums«, München 1980.
–:»Bete und werde reich«, München 1981.
*Ramtha:* »Ramtha«, Peiting 1995.
*Redfield, J.:* »Die Prophezeiungen von Celestine«, München 1994.
*Roberts, J.:* »Gespräche mit Seth«, Genf 1979.
*Roger, J., McWillams, P.:* »Wie man seine Träume verwirklicht«, Berlin 1993.
*Sharamon, S., Baginski, B.:* »Reiki – Universale Lebensenergie«, Essen 1985.
*Shinn, F. S.:* »Das Lebensspiel und seine mentalen Regeln«, München 1990.
–:»Die Kraft Deiner Worte«, München 1989.
–:»Bitte, so wird Dir gegeben«, München 1991.
–:»Vertraue Deiner inneren Stimme«, München 1992.
*Silva, J.:* »Die Silva-Mind-Methode«, München 1988.
–:»Silva-Mind-Control«, München 1977.
*Sogyal, R.:* »Das tibetische Buch vom Leben und vom Sterben«, München 1994.
*Spalding, B.:* »Leben und Lehre der Meister aus dem fernen Osten«, Band 1–5, Hammelburg 1961.
*Spitzbart, M.:* »3 Säulen für Ihre Leistungsfähigkeit«, Nürnberg 1999.
*Stearn, J.:* »Der schlafende Prophet«, München 1985.
*Stevenson, J.:* »Reinkarnationsbeweise«, Grafing 1999.
*Streuer, M.:* »Zauberformel Gedankenkraft«, Genf 1982.
*Traschitzker, T.:* »Pauli und die Wunschmaschine«, Pforzheim 1996.
*Virtue-Carmel, P.:* »Planet der Wandlung«, Güllesheim 1997.
*Walsch, N. D.:* »Gespräche mit Gott, Band 1–3«, München 1997.
*Wattles, W. D.:* »Das Gesetz des Reichwerdens«, Friedrichsdorf 1993.

*Wegmann, V.:* »Überleben, der Weg ins wahre Sein«, München/Bern 1976.
*Wester Anderson, J.:* »Wenn Wunder geschehen«, München 1998.
*White Eagle:* »Lesebuch White Eagle«, München 1994.
*Wilde, S.:* »Wunder 2«, Basel 1990.
*Yogananda, P.:* »Autobiographie eines Yogi«, Baden-Baden 1979.

*Clubzeitschrift für Österreich:*

»Elflien News, Berichte und Infos für Positivdenker und alle, die es noch werden wollen.« Gratisprobeheft anfordern bei: Elfi Lienhart, Postfach 13, A-8143 Dobl.

**Bestell-Coupon**

für einen kostenlosen
Seminarprospekt

**»Nichts ist unmöglich«**

---

**Bitte in einem Brief mit
frankiertem Rückkuvert einsenden an:**
Peter Kummer
Autor und Seminarveranstalter
Strandbadstr. 2 · D-78345 Moos-Iznang

---

**Bestell-Coupon**

für die Unterlagen der Firmenseminare
von Peter Kummer
im deutschsprachigen Raum

---

**Bitte in einem Brief mit
frankiertem Rückkuvert einsenden an:**
Peter Kummer
Autor und Seminarveranstalter
Strandbadstr. 2 · D-78345 Moos-Iznang

Bitte überlassen Sie mir kostenlos Unterlagen
über Ihre Drei-Tages-Aktiv-Seminare

**»Nichts ist unmöglich«**

Name

Straße

PLZ / Ort

Datum                                    Unterschrift

---

Bitte überlassen Sie mir kostenlos das
Informationsmaterial über die Firmenseminare von

**Peter Kummer**

im deutschsprachigen Raum

Name

Straße

PLZ / Ort

Datum                                    Unterschrift

# Peter Kummer

## *Nichts ist unmöglich*

**Drücken auch Sie oft Probleme?**

*Dann sollten sie wissen, dass sich hinter jedem Problem immer auch schon die perfekte Lösung verbirgt. Erfolgsautor Peter Kummer zeigt in seinem Bestseller, wie Sie diese Lösung entdecken und damit Ihr spezifisches Problem knacken können.*

**Herbig**

# Peter Kummer

## *Ich will*
## *Ich kann*
## *Ich werde!*

### Dieses Buch hilft Ängste abzubauen und neues Selbstvertrauen aufzubauen

*Ängste sind nur Schattenwürfe. Lernen Sie konstruktiv denken und lösen Sie all Ihre Ängste rückstandslos auf. Wie Sie ganz gezielt glücklich und erfolgreich werden und neues Selbstvertrauen gewinnen können, erfahren Sie in diesem Praxisbuch des Erfolgsautors Peter Kummer.*

**Herbig**